BEFREIE DEIN PFERD,
BEFREIE DICH SELBST

BEFREIE DEIN PFERD, BEFREIE DICH SELBST

Maksida Vogt

CADMOS

Autor und Verlag weisen darauf hin, dass die in diesem Buch beschriebenen Trainingsmethoden keine Alternative zu professionellem Reitunterricht darstellen. Autor und Verlag lehnen jegliche Schadensersatzforderungen ab, die auf Unfällen, Verletzungen oder sonstigen Schäden gründen, die im Zusammenhang mit einem der in diesem Buch beschriebenen Trainingsvorschläge entstanden sind. Es wird für Ungenauigkeiten oder eventuelle Fehler keine Haftung übernommen.

Impressum:
Copyright © 2006 by Cadmos Verlag, Schwarzenbek
Gestaltung und Satz: Natālija Aleksandrova
Coverfoto: S. Lang
Fotos im Innenteil:
Natālija Aleksandrova, S. 67, 216.
Berenika Bratny, S. 46, 48, 49, 84, 96, 218.
Robert Cook, S. 147, 149.
Dominique Cuyvers, S. 221.
Marija Djidara, S. 20, 21, 220.
Larissa Hartkopf, S. 219.
Krzysztof Jarczewski, http://www.jarczewski.pl, S. 35, 215.
Jamie Joling, S. 111, 112, 220.
Guillaume Levesque, S. 113.
André Oude Wolbers, S. 217.
Ruth Roberts, S. 50.
Natalya Soshnina, S. 33, 40, 148.
Die übrigen Fotos – Maksida Vogt.
Zeichnung: Schlütersche Verlagsgesellschaft mbH Co. KG, S. 140

Druck: Westermann Druck, Zwickau

Deutsche Nationalbibliothek – CIP-Einheitsaufnahme
Die Deutsche Nationalbibliothek verzeichnet diese Publikation in der Deutschen Nationalbibliografie; detaillierte bibliografische Daten sind im Internet über http://dnb.ddb.de abrufbar.

Printed in Germany

ISBN: 978-3-8404-1034-5

Die Autorin

MAKSIDA VOGT beschäftigt sich intensivst seit 2006 mit den Pferden und der Wissenschaft ums Pferd. Gleich zu Beginn ihrer Arbeit zeigte sich ihre besondere Fähigkeit bei der Ausbildung der Pferde ohne jegliche Kontrollmittel am Pferdekörper (Zügel, Gebisse und Ähnliches). Deshalb ergab es sich schnell, dass Maksida Vogt beim Aufbau der internationalen Schule *Nevzorov Haute Ecole* mitarbeitete und diese bis zum Ende des Jahres 2008 leitete. Ende 2008 gründete sie *Academia Liberti*, um das Wissen um die artgerechte Pferdehaltung intensiv verbreiten zu können und den Pferdebesitzern zu einem besseren Verständnis und Umgang mit ihren Pferden zu verhelfen. Namhafte Wissenschaftler wie Dr. Cook, Dr. Straßer, Dr. De Beukelaer, die mit ihrer Arbeit einen unschätzbaren Beitrag leisten, haben die Schirmherrschaft für Academia Liberti übernommen. Maksida Vogt kombiniert ihr medizinisches und spirituelles Verständnis mit dem Wissen um das Wesen Pferd, Kommunikation und Ausbildung auf der Basis des freien Willens und bietet somit einen einzigartigen, ganzheitlichen Ansatz rund ums Pferd. Mit ihren Artikeln, Workshops und ihrer Arbeit hilft sie ein neues Verständnis für das Pferd einzuleiten wie auch andere Bewusstseinebenen für Pferdebesitzer zu öffnen. ❧

»Umgang mit dem Pferd, Ausbildung, Horsemanship – setzt für mich den Respekt gegenüber dem freien Willen des Pferdes voraus. Sie haben die Wahl, entweder Sie kontrollieren das Pferd mit Zügeln und anderen Kontrollmitteln oder Sie haben einen richtigen Freund, der seinen freien Willen kundtun darf. Sie werden den Unterschied erst dann kennenlernen, wenn Sie bereit sind, vollständig auf Kontrollmittel zu verzichten.«

Maksida Vogt

ACADEMIA ARTIVM
DIDACTICVM EQVIORVM
IN LIBERTI

Inhaltsverzeichnis

Vorwort

Geliebte Leserin, geliebter Leser,

lange Zeit dachte ich, mein Leben wäre zu privat, um es mit anderen öffentlich zu teilen. Bis ich begriff, dass unser Leben keine Privatsache ist. Wir alle können nur dann lernen und uns weiterentwickeln, wenn wir uns den Geschichten der anderen Menschen öffnen. Also sollten wir unsere Geschichte auch nicht für uns behalten, insbesondere wenn sie anderen Menschen zu einem besseren Verständnis verhelfen kann. Der Schmerz in meinem Leben hat mich zu den Pferden geführt. Zu ihnen zu kommen, war der Anfang meiner Heilung. Aber der Weg war immer noch lang, lag schleierhaft vor mir, der Schmerz war in mir, präsent in meinem Leben. Und ich war mir dessen nicht bewusst.

Ich wusste nur, wenn ich bei den Pferden war, fühlte ich mich besser und mein Schmerz wurde weniger. Aber er war immer noch sehr groß – so groß, dass ich nicht spürte, was ich den Pferden antat. Diesen noblen Tieren, welche ich über alles liebte, die mich auf ihren Rücken DIE Freiheit erleben ließen, die in meinem Leben nicht vorhanden war. Aber ich war mir dessen nicht bewusst.

Ich glaube, es gehört zu menschlichem Wachstum, von Zeit zu Zeit zu hinterfragen und nachzudenken, ob die eigene »Realität« auch wirklich real ist. Und wie real ist sie denn?

Warum ändern sich meine Empfindungen und warum wechsle ich meine Meinung, wenn ich etwas verstehe, was ich vorher nicht verstanden habe?

Warum ist das so, dass wir in der Lage sind, die eigenen Überzeugungen bis aufs Blut zu verteidigen, nur damit wir ein paar Jahre später teilweise oder gänzlich etwas anderes vertreten?

Und warum sind manche Menschen in der Lage (oder entwickeln dies mit der Zeit und mit der Summe der Erkenntnisse), »mehr« zu verstehen beziehungsweise zu fühlen wie die anderen?

Es gibt etliche Tierkommunikatoren, bei welchen wieder viele Menschen Hilfe suchen. Diese Menschen haben dem Anschein nach »übersinnliche« Fähigkeiten (eine großartige, herausragende Tierkommunikatorin war Gudrun Weerasinghe). Sie können mit dem Tier kommunizieren, sich mit dem Tier verbinden und Informationen wiedergeben, welche sie niemals wissen konnten. Es fällt vielen Menschen schwer, darin keinen Betrug zu sehen oder etwas »Übersinnliches«. Warum glaubt man nur etwas, was man selbst verstehen kann? Muss man selbst eine Erfahrung machen, damit man etwas glauben kann? Und was ist mit den Menschen, die niemals irgendeine Erfahrung machen, durch die sie etwas besser verstehen? Können sich diese überhaupt weiterentwickeln? Ist es unser System, das die Menschen am Verstehen hindert, oder sind es die eigenen eingefahrenen »Überzeugungen«, die einen am Erleben hindern?

In der Reiterszene gibt es unfassbar viele Irrtümer, unglaublich viel Unverständnis für das Pferd. Viele Menschen in dieser Szene haben nur wenig über die Wahrheit des Wesens Pferd erfahren, sie haben nur dürftige Annäherungsweisen ausprobieren beziehungsweise erleben können. Meist folgen sie nur gewissen Schemata. Und es gibt doch Menschen unter Reitern, welche aufwachen und »mehr« sehen können. Es gibt Menschen, die nicht glauben, dass ein Pferd oder irgendein anderes Tier eine Seele hat, geschweige denn überhaupt die gleichen Gefühle empfinden kann wie wir. Dass Tiere den genau gleichen körperlichen und seelischen Schmerz spüren wie wir.

Entsprechend der »Realität« des Menschen wird das Tier auch benutzt. Manche benutzen das Pferd als Sportgerät, andere als Freund und Transportmittel für die Spaziergänge. Einige gebrauchen das Pferd als Heiler, viele benutzen es als Zucht- und Einkommensquelle. Es hängt von meiner Wahrnehmung ab, wie ich das Pferd sehe, wie ich mit ihm umgehe und letzten Endes, was sich mir offenbaren wird. – Was ich dann erleben darf.

Irgendwann hatten Pferde meinen Schmerz so weit geheilt, dass ich anfangen konnte, ihren Schmerz zu fühlen. Auf einmal begann etwas in mir aufzuwachen, ich fing an zu erkennen. Ich nahm mich und die Pferde anders wahr. Ich wusste, ich verdanke ihnen mein Leben und war bereit, für sie das Gleiche zu tun. Aber es war noch nicht alles klar. Ich war immer noch unbewusst.

Als ich mich auf die Pferde mit der Tiefe meiner aufwachenden Seele einließ, als ich ihren freien Willen in den Mittelpunkt unserer Beziehung stellte, unseren freien Willen zur Basis für eine Beziehung überhaupt machte – entdeckte ich die LIEBE. Bedingungslose Liebe. Ich erkannte viel, und ich erkannte mich selbst zu einem großen Teil. Zu einem großen Teil … denn ich war immer noch nicht bewusst.

Und dann kam ich zu der Transformation, welche mich bewusst werden ließ. Welche mich all das erkennen ließ, was ich im Laufe dieses Prozesses der Bewusstwerdung – angefangen am Tag, als ich zu den Pferden kam – geahnt habe. Was aber unbewusst bis zu diesem Augenblick blieb, als ich alle Masken fallen lassen konnte und das Bewusstsein mich erfüllte. Ich verdanke den Pferden mein Leben. Ich hoffe, dass ich diese Erkenntnis dazu nutzen kann, für sie etwas zu ändern.

Geliebte Leserin, geliebter Leser, ich lade Dich ein auf eine wunderbare Reise zu Deinem Pferd und zu Dir selbst und wünsche Dir die Erkenntnisse, welche Dein Leben bereichern werden. In dem Moment, wenn Du anfängst, Dein inneres Licht zu spüren, ändert sich Dein Leben. Willkommen. ❧

I.
Wie sieht ein durchschnittlicher Mensch das Pferd?
Wie sieht ein durchschnittlicher Reiter das Pferd?
Wo fängt man an?

Es IST einerseits nicht schwer zurückzublicken und sich zu erinnern, wie es war, als man noch selbst zu den Reitern zählte und das Pferd als Reittier und Sportpartner erlebt hat. Andererseits ist es sehr schwer, sich dieses wieder vorzustellen und tagtäglich um sich zu sehen in den Ställen, im Internet, im Fernsehen, in den Magazinen. Es ist allgegenwärtig. Und man selbst hat es verstanden und hinter sich gelassen. Aber was macht man, wenn man es ständig vor Augen hat? Man beginnt mit der Aufklärung anderer, in der Hoffnung, ein Verständnis einzuleiten, damit eine Erkenntnis stattfinden kann. Also wo fängt man an?

Am besten an der Stelle, an der wir uns gegenwärtig in unserer Welt befinden, um uns einen Überblick zu verschaffen.

Ich befragte Menschen, die nichts mit Pferden zu tun haben, wie sie das Pferd sehen, womit sie es in Verbindung bringen und was ihnen spontan zu dieser Gattung einfällt. Folgende Antworten bekam ich darauf:

»Ich denke, Pferde sind sehr noble Tiere, die mich immer eine gewisse Zärtlichkeit fühlen lassen. Immer, wenn ich zum Beispiel ein Pferd eine Kutsche ziehen sehe, fühle ich Mitleid mit ihm. In unserer Welt ist das Bewusstsein für das Wohl der Tiere nicht genug ausgeprägt. Im Prinzip bin ich der Meinung, dass Reiten ein gewisses Vergnügen für reiche Snobs ist, welche diese Tiere als Statussymbole ansehen. Ich schätze Menschen, die aus wahrer Tierliebe handeln und nicht aus Zwecken für sich selbst.«

»Um ehrlich zu sein, denke ich nicht oft über Pferde nach. Ich begegne ihnen kaum in meinem Leben. Pferde betrachte ich als edle, sanftmütige Tiere, die frei leben und sich frei bewegen sollen, grasen können und einfach Pferd sein dürfen. Ich sehe es nicht gerne, wenn ein Pferd irgendwem für seine Ziele oder Ambitionen dienen soll.«

Tipp: *Womit verbindest Du das Wesen Pferd? Was kommt dir als Erstes in den Sinn? Warum ist das so? Gibt es etwas anderes zu entdecken?*

»Pferde erscheinen mir als sehr sanfte Tiere. Ab und zu sehe ich Tierdokumentationen, in welchen auch Pferde vorkommen – die strahlen immer Ruhe und eine gewisse Sanftmut aus. Man hat irgendwie immer das Gefühl, der Mensch ist fehl am Platz, wenn man einen Reiter sieht.«

»Einem Pferd bin ich live noch nicht begegnet. Ich glaube, ich hätte Respekt vor der Größe der Tiere. Wenn ich Shows im Fernsehen sehe, wo die Pferde geritten werden, sieht das nicht so gut aus. Ich glaube, Tiere machen das nicht gern. Welches Tier würde so etwas gern machen?«

»Mit dem Bau von Pferdekörpern assoziiere ich immer die Weite der Wildnis, für welche die Pferde gemacht sind. Frei zu laufen. Ich frage mich immer, wie viel Kraft und Energie in jedem von ihnen sein muss bei dem Berg an Muskeln, den sie haben. Immer erinnern sie mich an Wildnis und Freiheit und es tut mir so leid für sie, in der Gefangenschaft der Menschen leben zu müssen, insbesondere wenn ich ganz dünne und hungernde Tiere sehe.«

»Pferde sind wunderbare Wesen mit sehr traurigem Schicksal … wie sie auch verspielt aussehen, wenn sie über die grünen Weiten galoppieren – in ihren Augen ist immer eine Träne, in welcher sich eine Welt voller Freiheit spiegelt, in welcher sie niemals leben können …«

Diese Antworten mögen einseitig erscheinen, aber die meisten Antworten waren ähnlich. Wie es scheint, sehen die Menschen das Pferd tatsächlich so, wie es in der Natur vorgesehen ist, also nicht als Nutz-, Gebrauchs-, Zug- oder Lasttier. Das ist meine Erfahrung, wo auch immer ich mit Menschen gesprochen habe. Sie alle haben sofort verstanden: Das Pferd ist nicht dazu erschaffen worden, um Menschen auf seinem Rücken zu tragen oder anderweitig benutzt zu werden. Es sollte nicht aus der Herde entfernt und sein Körper auf entsprechende Weise manipuliert werden, nur um dem Menschen zu dienen. Durch das Lastentragen muss der Rücken des Pferdes wehtun. Es ist einleuchtend, dass Krankheiten durch das Benutzen des Tieres entstehen. Diese Tatsache war für den Großteil der von mir befragten Menschen, die im alltäglichen Leben nicht viel mit Pferden zu tun haben, bisher sehr einleuchtend.

Auf der anderen Seite gibt es den folgenden Gegensatz: Die meisten Menschen, die etwas mit Pferden zu tun haben und eventuell sogar ein eigenes besitzen, verbinden das Tier automatisch mit dem Reiten oder einer anderweitigen Benutzung. Das erscheint auf den ersten Blick paradox, denn diese Menschen müssten ja am besten über Pferde Bescheid wissen. So ist es leider ganz und gar nicht. Diese Menschen sehen das Pferd in einem bestimmten Schema, ansonsten wären sie gar nicht in der Lage, das Tier so zu gebrauchen. Und warum tun sie das, warum ist es so? – Weil es immer schon so gemacht und vorgelebt wurde. Diese Betrachtungsweise, in der das Pferd als Gebrauchstier gesehen wird, ist leider immer noch sehr präsent. Nun, Traditionen sind das eine, aber ist das auch alles richtig? Sind wir nicht verpflichtet, Traditionen und uns selbst immer wieder zu hinterfragen, wenn wir uns weiterentwickeln möchten?

Ich möchte nicht allzu deutlich auf das Thema der Qualen eingehen, die Pferde zu erleiden haben, und auch niemanden mit Bildern »erschlagen«, die das Leid dieser Tiere zeigen. Bedauerlicherweise kann ich nicht ganz darauf verzichten. Auf jedem Turnier, auf jeder Veranstaltung mit Pferden kann man das Leid der Tiere in ihren Augen erkennen, ebenso, wenn sie für Touristen in Großstädten den ganzen Tag angespannt vor Kutschen stehen beziehungsweise laufen. Die Tradition der Kutschfahrten wird sogar als romantisch verkauft. Denken Menschen, die solche Dienste in Anspruch nehmen, über das Wohlbefinden der Tiere nach? Können sie

ihre Schmerzen spüren? Oft beobachte ich Menschen, die sich sogar für ein Foto neben das Pferd stellen, bevor sie in die Kutsche einsteigen. Sie lächeln für ein Foto neben dem geschundenen Pferd, dessen Augen das ganze Leid widerspiegeln – von der Herde getrennt, stundenlang ohne Futter, Schmerzen am ganzen Körper, beschlagen, genötigt durch das Gebiss, welches stundenlang im zarten Maul die Nerven irritiert und Schmerzen verursacht, mit der Peitsche getrieben, durch den Schmerz gebrochen … Sie sind Sklaven, sie »leben« nicht mehr.

Warum nehmen diese Menschen die Qualen der Tiere nicht wahr?

Die Antwort ist einfach: Ihr eigener Schmerz ist größer und trübt ihre Sicht und ihre Empfindungen. Es fehlt an Empathie für andere Lebewesen.

Ich kann mich sehr gut erinnern, wie eine Frau, die diesen Schmerz bei Pferden sehen konnte, ihr Erlebnis mit Kutschenpferden beschrieben hat. Sie sagte: »Ich näherte mich zwei Pferden, eingespannt in eine schwere Kutsche. Drumherum waren Menschen, sie lachten, sie posierten für Fotos vor der Kutsche. Ich sah in die Augen eines der Pferde und spürte seine ganze Hilflosigkeit. Ich fühlte seinen fürchterlichen Juckreiz unter dem schweißgetränkten Ledergeschirr. Daraufhin ging ich zu ihm und kratzte die Stelle, die das Pferd mir zeigte. Es signalisierte deutlich seine Erleichterung.«

Mitleiden können wir alle, mehr oder weniger. Ist es wichtig, Mitgefühl zu empfinden? Besonders Menschen, welche erwacht sind und dieses unsägliche Leid spüren können, leiden entsetzlich mit den geschundenen Pferden. Ich habe jahrelang mitgelitten, bis ich erkannte, dass es wichtiger ist, mitzufühlen und dann zu helfen, anstatt mitzuleiden. Wenn wir mitleiden, dann wird etwas passieren, was uns innerlich zerreißt. Wir fangen an, die Menschen, die den Pferden Leid antun, als schlechte Menschen zu verurteilen, sie zu verabscheuen und irgendwann vielleicht auch zu hassen. Wir bemerken nicht mehr ihre Unfähigkeit, diesen Schmerz zu fühlen, und machen uns damit selbst unfähig. Sind wir dann »besser« als sie? Wir sollten erkennen, dass wir alle nur das tun, was wir für das Beste halten. Wenn wir nicht fähig sind, die Seele und Befindlichkeit eines Wesens zu erkennen, dann wegen der Unvollkommenheit, die in uns herrscht. Sobald dieser Mangel durch Bewusstmachung beseitigt und geheilt worden ist, können wir die größeren Zusammenhänge sehen und verstehen und fühlen dann mehr als bisher.

Innerlicher Schmerz und Unvollkommenheit sind besonders bei Menschen in der Reiterszene vertreten. Hier haben wir es mit drei verschiedenen Typen von Menschen zu tun:

1. Zum Ersten gibt es die Sportreiter, die professionelles Reiten wie Springen, Dressur, Polo, Rennen oder andere Sparten betreiben und davon leben. Diese Menschen handeln nicht aus dem Herzen, sondern sind gefühlsmäßig abgestumpft. Ihre Wahrnehmung des Lebens ist sehr gestört, da ihr seelischer Schmerz unglaublich groß ist. Diese Menschen sehen das Pferd nicht als Lebewesen, sondern als Mittel zum Zweck. Es ist vergleichbar mit einem Motorrad, das man benutzt und nach erledigter Arbeit wieder abstellt. Es bedarf einer sehr großen Kaltherzigkeit, um ein Lebewesen so zu behandeln, dass man ihm Tag für Tag die schlimmsten Schmerzen zufügt (Gebiss, Peitsche, Hufbeschlag, zu fest geschnürte Bandagen, zweifelhafte Trainingsmethoden), es in einen Stall einsperrt und sein Futter rationiert. Es ist somit in allen seinen natürlichen Bedürfnissen eingeschränkt, nur um eigene Zwecke und Ziele zu erreichen.

Etwas hat nicht die Bezeichnung »Sport« verdient, was auf Kosten anderer Wesen ausgetragen wird! Jeder Sportler verdient seine Medaille durch eigenen Schweiß und Anstrengung. In der Sportreiterei ist das nicht so: Die Tiere werden misshandelt, damit der Mensch Erfolge erzielt beziehungsweise Geld durch sie verdient. Aber ich möchte hier auch betonen: Diese Menschen wissen es nicht besser, sie können ihre Dämonen nicht besiegen. Viele erkennen sie nicht einmal, sie spüren das Leben nicht.

2. Zum Zweiten haben wir die Amateurreiter, welche ihren Idolen nacheifern und in den Reithallen »trainieren«, um vergleichbare Resultate zu erreichen wie die Profireiter.

Viele lesen Bücher verschiedener Reitmeister und besuchen Lehrgänge und Seminare. Einige eifern dem nach, was im Fernsehen und in den Medien präsentiert wird, andere orientieren sich eher an der »klassischen« Reitkunst. Sie alle nehmen meist einen entsprechenden Reitlehrer in Anspruch, der ihnen und ihrem Pferd hilft, bestimmte »Resultate« zu erzielen. Und genau das ist ihr Antrieb beim Umgang mit dem Pferd: ein Resultat und Erfolge zu erreichen, ein Schleifchen oder eine Nadel nach Hause zu tragen. Hierin finden sie die Bestätigung, die sie in der Außenwelt suchen, um die innere Leere zu füllen. Es sind die Reiter in den Reithallen, die man beobachten kann, wie sie mit ihren

20

Pferden kämpfen, Tag für Tag, unermüdlich. Verbissen suchen sie einen Weg, wie man den Pferdewillen bricht, wie man den Pferdekörper in irgendeine Biegung zwingt, wie man am besten Lektionen ausführt – jeden Tag ein Kampf. Aber sie erkennen ihr Fehlverhalten selbst nicht, sonst würden sich viele von ihnen sicherlich kritisch hinterfragen. Wie ihre Idole halten auch die meisten Amateurreiter ihre Pferde in Boxen, decken sie ein, beschlagen sie, lackieren die Hufe vor dem Turnier, tragen Huffett am Kronrand auf. Kurz gesagt: Sie wissen es nicht besser, sie folgen einfach irgendjemandem oder irgendeiner Idee, die ihnen vorgelebt wird/wurde … Sie folgen, ohne jemals diese Lehren und Verhaltensweisen als Ganzes infrage zu stellen. Das würde ihren Rahmen sprengen, denn der eigene Schmerz kann so etwas nicht zulassen. Was würden solche Menschen denn tun, wenn ihnen diese, für sie so wichtige »Reitausbildung« genommen würde? Sie müssten den eigenen Schmerz ertragen. Wohin damit? Und so kommen sie in der Regel nicht weiter, als lediglich den einen oder anderen »Meister« anzuzweifeln und den Stall zu wechseln.

3. Als dritte Gruppe der Reiter haben wir noch die Freizeitreiter, die etwas »romantischer« veranlagt sind und fest daran glauben, ihr Pferd genieße die Ausritte in die Wälder oder auf den Wiesen in der gleichen Art und Weise wie sie selbst.

Diese Menschen spüren bereits, dass da etwas im traditionellen Umgang mit Pferden nicht stimmt. Sie sehen eher, welcher Schaden dem Pferd durch den Pferdesport zugefügt wird. Sie behaupten in der Regel, sie liebten ihr Pferd und würden ihm niemals wehtun oder es zu irgendetwas zwingen. Niemals würden sie ihrem Tier die Tortur des Sports antun. Sie machen sich auch Gedanken über die Haltung – die meisten von ihnen bringen ihre Pferde in einem Offenstall unter. Sie benutzen das Pferd nicht so oft und ausgeprägt, wie es die Sportreiter betreiben. Aber ihre Begierde, das Pferd zu reiten, ist trotzdem noch vorhanden und größer als ihre Liebe und Fürsorge zu ihm. So benutzen auch sie meist ein Gebiss für ihr Pferd, beschlagen es, wenn es fühlig geht und sie es sonst nicht reiten könnten. Freizeitreiter sind somit in vielem immer noch blind für die Schäden, welche sie dem Pferd durch dieses Verhalten zufügen. Oft habe ich diesen Menschen folgende Frage gestellt: »Was ist es, das dich dazu bewegt, dein Pferd besteigen zu müssen? Was ist in dir, das dir keine Ruhe lässt, dir keinen Frieden gibt, wenn du nicht auf den Rücken des Pferdes kletterst? Frage dich das einmal kritisch, dann öffnest du dir eine Tür und findest einen Weg, dich selbst zu erkennen und deine Wunden zu heilen. Dann wirst du nicht weiterhin den Pferden deine Wunden auferlegen. Denn du tust jemandem nur dann weh, wenn du selbst verletzt bist.«

Unter den Freizeitreitern sind häufig Menschen zu finden, welche etwas aufgeklärtere Pferdefreunde als »desperate housewives« (verzweifelte Hausfrauen) bezeichnen. Damit ist weder das Geschlecht noch der Berufsstand gemeint, sondern lediglich die Einstellung zum Pferd. Es ist eine Haltung, die zwar Mitleid mit den Pferden ausdrückt, jedoch Ohnmacht zeigt, etwas zu ändern. Immer wenn wir Ohnmacht oder Leid verspüren, neigen wir dazu, andere zu verletzen. Ich habe dieses Beispiel ausgewählt, weil es alle diese Emotionen widerspiegelt und beschreibt. Wenn man sich mit den Freizeitreitern beschäftigt oder sich mit ihnen unterhält, dann kommt oft zum Vorschein, welchen »Ausgleich« sie aufgrund der eigenen Frustration beim Pferd suchen.

Es kann sich dabei um ein junges Mädchen handeln, das mit der Schule oder anderen Problemen seines jungen Lebens überfordert ist, oder um eine berufstätige Frau mit Mann und Kind, mit täglicher Last auf den Schultern, die dann »ein bisschen Entspannung und Zeit für sich« beim Reiten sucht und so kurzzeitig weniger innerlichen Schmerz spürt.

Es ist zwecklos, Diskussionen mit solchen Menschen zu führen. Man kann noch so viele wissenschaftliche Argumente bringen, welche Schäden sie am Pferdekörper und in der Psyche anrichten – das alles wird vergeblich sein. Diese Menschen wollen es nicht sehen, sie können es nicht sehen wollen. Stell dir vor, dass dir jemand etwas wegnehmen will, was dir die einzige Erleichterung im Leben verschafft, das Einzige, was dir Vergnügen bereitet sowie deine innere Leere ausfüllt. Du wirst sicherlich alles tun, um dieses zu rechtfertigen, selbst wenn du innerlich spürst, dass es Unrecht ist. Eigenen Dämonen zu begegnen ist schwer.

Einmal sagte eine junge Frau zu mir: »Ich zahle jeden Monat 300 Euro für die Unterstellung und das Futter meines Pferdes, also erwarte ich auch eine Gegenleistung.«

Ich glaube, in diesem Satz spiegelt sich die ganze Verlorenheit vieler Menschen – nicht nur der Reiter – wider. Wie weit ist unsere Zivilisation gekommen, wenn wir ein LEBEN nicht mehr ehren, sondern wie eine Sache BENUTZEN möchten, die wir gerade im Supermarkt gekauft und für die wir bezahlt haben? Bei der eben erwähnten jungen Frau handelt es sich um eine Tochter und vielleicht um eine zukünftige Mutter. Wie erziehen wir unsere Kinder und mit welchen Werten? Je gründlicher man darüber nachdenkt, desto deutlicher wird die ganze Verzweiflung der Menschheit ins Bewusstsein gebracht.

Auf einem gewissen Level unserer Entwicklung mögen wir vielleicht so denken. Das hat etwas mit Armutsdenken zu tun, und zwar innerlicher und äußerlicher Armut, denn das Innere beziehungsweise unsere Gedanken spiegeln sich in unserer Außenwelt wider. Wir fühlen innere Leere, also möchten wir diese durch Konsum und Vergnügen beseitigen. Wir sind blockiert, indem wir nicht großzügig aus dem Herzen geben können, ohne eine Gegenleistung zu erwarten, und verwechseln in unserer Armut sogar Lebewesen mit Materie. So weit reicht unsere Trennung vom Leben. Wenn wir uns dessen bewusst werden, dann können wir aus diesem Kreis ausbrechen und unser Leben im wahrsten Sinne des Wortes bereichern. Ich möchte nebenbei erwähnen, dass diese oben genannte junge Frau eine Allergie hatte, die sich großflächig über beide Beine und Teile des Körpers ausbreitete. Jede Krankheit ist unmittelbarer Ausdruck unserer Verbundenheit oder besser gesagt unserer Trennung vom Leben. Je mehr wir uns vom Leben entfernen, desto stärker erkrankt unser Körper. Unsere psychische Verfassung, Unzufriedenheit, Frustration und Leere, welche bei den meisten Reitern zum Vorschein kommen, bilden die erste Stufe, auf der eine Krankheit entsteht. Du wirst immer wieder feststellen müssen,

> »Es ist eine Unsitte des Menschen, sich auf Tierrücken zu setzen, und völlig unnatürlich.«
> Gudrun Weerasinghe, Tierkommunikatorin

dass Reiter diesen inneren Mangel durch das Reiten auszugleichen versuchen. Aber es funktioniert nicht, weil dadurch wieder einem anderen Wesen Schmerz zugefügt wird.

Eine andere Frau, die sich ein bisschen mehr mit der Thematik der Schäden, die durchs Reiten entstehen, beschäftigt hat und etwas mehr Gefühl im Umgang mit ihrem Pferd aufweist, aber immer noch keinen anderen Ausweg gefunden hat, als das Pferd zu besteigen, sagte: »Ja natürlich tut den Pferden irgendwas weh, aber mir tut mein Rücken auch weh. Wer fragt mich? Ich muss es auch aushalten, also werden die Pferde es auch aushalten. Jeder muss etwas aushalten.«

In diesem Satz spiegelt sich der innere Schmerz dieser Frau wider. Sie kann nicht anders handeln und fühlen, weil sie selbst so viel auszuhalten hat. Ihr wird auch Schmerz zugefügt und sie leidet sehr darunter, findet aber keinen Weg, dies zu ändern. Daher gibt sie den Schmerz an ihr Pferd weiter.

Eine Erkenntnis, die jeder Mensch erlangen sollte, ist, dass wir nicht jemandem wehtun können, ohne uns selbst zu schaden.

Die Emotionen, die unsere Handlungen diktieren, spiegeln sich in unserem Leben wider. Wir begegnen unserem eigenen Schmerz so lange, bis wir den Weg gefunden haben, diesen zu beseitigen. Wenn unser eigener Schmerz kleiner geworden ist, dann können wir Erkenntnisse erlangen und Erfahrungen machen, die uns bis dato nicht möglich waren. Wenn der eigene Schmerz so weit gelindert ist, dass wir auch den Schmerz anderer wahrnehmen, dann werden sich uns weitere Türen öffnen, um auch anderen helfen zu können.

Ich würde gerne noch eine Gruppe von Menschen erwähnen, die sich in den letzten Jahren weltweit zunehmend in der Pferdewelt gebildet hat. Es handelt sich um Menschen, die seit Jahren spüren, dass es nicht der richtige Weg sein kann, dem Pferd ein Gebiss ins Maul zu legen. Es ist offensichtlich, dass es dem Pferd wehtut. Was hat Eisen im empfindlichen Pferdemaul zu suchen? Dieses Eisenstück, auch wenn es sich nur im Pferdemaul befindet, ohne von Reiterhand angerührt zu werden, liegt direkt auf den empfindlichen Schleimhäuten und Nervenenden. Es gibt sehr viele Irrtümer in der Pferdewelt! So wird es auch von Reitern, Trainern und in der Reitlehre als gut und erfolgreich bewertet, wenn das Pferd anfängt, dieses störende Objekt in seinem Maul zu bewegen, um es irgendwie loszuwerden. Es ist sogar erwünscht, dass das Pferd auf dem Gebiss kaut!

Liebe Leser, ich bitte hier einfach um das Benutzen des gesunden Menschenverstandes. Man sollte immer alles kritisch infrage stellen. Wer hat behauptet und bestimmt, dass es gut sein soll, wenn ein Pferd auf dem Gebiss kaut?

Wenn wir uns selbst ein Eisenstück in unseren Mund legen würden, reagierten wir genauso wie ein Pferd. Nach einer gewissen Zeit würden wir anfangen damit zu spielen, es im Mund hin- und herschieben, um das unangenehme Gefühl loszuwerden. Irgendwann würde aus unserem Mund literweise Speichel fließen. Sollten wir uns nun gleichzeitig noch körperlich anstrengen, würden wir durch den ganzen Speichelfluss kaum noch Luft bekommen. Stellen wir uns weiter vor, es würde noch jemand an diesem Eisenstück in unserem Mund ziehen und unseren Kopf in eine bestimmte Richtung lenken, so sollte wirklich jeder diesen fürchterlichen Schmerz, die Qualen und den Zwang nachempfinden können, welchen Pferde durch ein Gebiss im Maul über sich ergehen lassen müssen.

Also wer hat diese Lehre des Kauens auf dem Gebiss erfunden? Wer hat behauptet, dass es so erwünscht ist und es dem Pferd sogar genehm sei?

Es war ganz sicher kein Mensch, der über Wissen in der Anatomie des Pferdes verfügte. Schon gar nicht war es ein Mensch, der sich um das Wohl der Tiere gekümmert hat. Es muss eine Person gewesen sein, die Pferde für eigene Zwecke so schnell wie möglich ausbilden wollte, damit sie möglichst rasch und gut das tun, was man von ihnen verlangt.

Der Schmerz, den das Pferd jeden Tag durch das Tragen eines Gebisses in seinem Maul und durch das Reitergewicht auf seinem Rücken aushalten muss, ist einer der offensichtlichen Gründe, warum sich eine Gruppe von Menschen gebildet hat, die auf diese Missstände aufmerksam machen möchte. Sie findet weltweit immer größeren Zulauf.

Spirituelles Wachstum ist nicht zu erreichen, wenn man sich nicht weiterentwickelt und stattdessen in den verkrusteten Strukturen stecken bleibt. Es ist nicht möglich, einem anderen Wesen Schmerzen zuzufügen und gleichzeitig auf Erleuchtung zu hoffen.

Also, wo fängt man an?

Diese Frage ist nicht einfach zu beantworten. Der Mensch ist ein sehr komplexes Wesen. Alles ist mit allem verbunden, unser Denken mit unseren Gefühlen, unser innerliches Wachstum mit unserer Spiritualität und diese wiederum mit Gedanken, Gefühlen und Erfahrungen. Das Schönste für einen Pferdeliebhaber ist, dass er das Pferd um seinetwillen betreut und sich an ihm erfreut. Das Pferd spiegelt unmittelbar unser Inneres wider. Also haben wir Pferdeleute die Möglichkeit, sehr viel von unseren Pferden zu lernen. Sie sind unsere Lehrer, sie weisen uns den Weg. Wir brauchen diesen Weg nur zu sehen und zu gehen. Menschen, die sich für diesen Weg mit ihren Pferden entschieden haben, machen bereits diese positiven und erfüllenden Erfahrungen. Sie sehen deutlich, dass das Pferd nicht glücklich ist, wenn der Mensch mit ihm kämpft. Wer möchte schon diesen Kampf Tag für Tag austragen? Auch Reiter, die regelmäßig verschiedene Seminare und Lehrgänge besuchen, fangen an, einen anderen, gewaltfreien Weg zu beschreiten. Manche (so wie ich das auch gemacht habe) versuchen zunächst selbst zu experimentieren und das Gebiss wegzulassen und dann mit dem Pferd nur mit Halfter oder Kappzaum zu arbeiten. Plötzlich stellen sie fest: Hoppla, es geht so viel einfacher! Das Pferd ist williger, denn es hat nicht mehr so zu kämpfen. Warum sollte es auch? Schließlich hat man ihm gerade das Leben viel angenehmer gestaltet und es von schlimmen Schmerzen in seinem Maul befreit.

Danach geht man vielleicht einen Schritt weiter und versucht, mit seinem Pferd ganz frei zu arbeiten. Dabei lernt man dann ganz andere Aspekte der Mensch-Pferd-Beziehung kennen.

Es gibt bereits beeindruckende Fotos und Videos, die dieses harmonische Miteinander zeigen. Man spürt die Lebendigkeit der gezeigten Pferde und lässt sich zum Nachahmen inspirieren.

Wie auch immer man zu diesem Weg findet – man war innerlich schon darauf vorbereitet. Jede Erfahrung, die wir machen, ist bedeutsam für unser Wachstum. Es liegt nur an uns, wie weit wir uns entwickeln möchten, ob wir auf einer Stufe stehen bleiben oder uns geistig immer weiter schulen und dazulernen wollen, um immer schönere Erfahrungen sammeln zu können.

Alles beginnt mit der Frage: Warum hast du ein Pferd? Wofür? ❧

II.
Ich bin bereit, mein Pferd zu entdecken.
Was habe ich bisher übersehen?

GELIEBTE Leserinnen und geliebte Leser, es gibt wahrhaftig einen Weg zu den Pferden, welcher auch ein Weg zu sich selbst ist. Für einen Menschen, der sich auf einer solchen Entdeckungsreise befindet, ist es vielleicht kein so großer Schritt. Aber ich kann mir vorstellen, dass es ein gewaltiger ist für die Menschen, welche in bestimmten Strukturen feststecken – sei es in der Pferdeindustrie, in verschiedenen Lobbys oder auch »nur« als einfacher Sportreiter, der bei Turnieren sein Geld verdient. Grundsätzlich ist es immer schwierig für die Menschen, die mit diesen Tieren ihren Lebensunterhalt verdienen: Sie müssen für das (Aus)Nutzen der Tiere ihre Augen und ihre Herzen geschlossen halten, ansonsten wären sie dazu nicht in der Lage. Wenn sie sich erlauben würden, den Schmerz der Pferde zu erkennen, dann müssten sie sich einen anderen Job suchen. Aber dass es geht, daran besteht überhaupt kein Zweifel! Wir haben bereits etliche Fälle erlebt, in denen Menschen diesen Schmerz der Pferde erkannten, ihr Verhalten geändert und in der Konsequenz ihre Reitställe geschlossen haben. Es war ihnen nicht mehr möglich, Pferde als Schulpferde fürs Reiten einzusetzen.

Als ich mich auf diesen Weg begeben habe, stand meine Stute in einem typischen deutschen Stall, mit Koppelgang am Tag und Boxenhaltung mit Paddock in der Nacht. (In den Wintermonaten standen die Pferde nur drinnen und die Pferdebesitzer konnten die Pferde selbst für ein paar Stunden auf das Paddock stellen.) Die Koppel wurde jeden Tag eingeteilt und ein neuer Streifen Gras kam dazu. Die Pferde stürzten sich in der Früh auf diesen Streifen; in zwei Stunden war alles abgegrast und sie standen im Sommer den ganzen Tag in der prallen Sonne ohne Futter. Dazu wurden Heu und Stroh gefüttert, ein- bis zweimal täglich im Sommer, zwei- bis dreimal täglich im Winter. Auch dieses wurde so eingeteilt, dass nach zwei Stunden bis auf den letzten Strohhalm alles gefressen war. Das ist für die Pferde sehr ungesund – darauf komme ich später zurück. Zum Glück war das kein Sportstall, sodass sich die Menschen meistens damit zufriedengegeben haben, ihre Pferde zu longieren, ein bisschen in der Halle zu reiten und meistens in der Natur. Ein positives Erlebnis war, als ich meine Stute am Anfang mit der Trense – unwissend wie

27

ERKENNE DICH
SELBST: *Warum tue
ich das, was ich tue?
Tue ich dem Pferd Un-
recht? Schädige ich
seine Gesundheit?
Habe ich mich in-
formiert, was in dem
Pferdekörper passiert,
oder schwimme ich
einfach mit dem
Strom?*

ich war – longierte, wurde ich freundlich darauf hingewiesen, dass dieses nicht gut ist für das Pferd und dass ich lieber einen Kappzaum nehmen sollte. Wow! Ich erinnere mich voller Freude daran zurück, wie diese Menschen sich doch für das Pferd einsetzten, anstatt in der sonst in Ställen üblichen Atmosphäre (»Ah, das geht uns nichts an, lieber mischen wir uns nicht ein!«) zu verharren. Ich war ein Neuling, was die Pferde anbelangte, und sehr dankbar für jeden Tipp, damit ich mein Pferd nicht schädige. Nun gut, mein Weg war der eines typischen Anfängers. Mein Glück war, dass ich ein sehr ausgeprägtes Gefühl für Tiere hatte und erst im Erwachsenenalter zu den Pferden kam. Dadurch war ich nicht so leicht zu manipulieren, ich konnte hinterfragen, infrage stellen und Zweifel an den gängigen Methoden äußern. Wenn man mit dem Reiten anfängt und wenigstens ein bisschen empfänglich ist für die Signale, die diese Tiere geben, dann wird man relativ schnell merken, dass irgendetwas nicht stimmt. Irgendetwas nicht in Ordnung ist. Es ist kein harmonisches Miteinander, es ist ein Kampf. Oder Resignation seitens des Pferdes. Beides hinterlässt einen faden Beigeschmack. Dabei muss man sich gar nicht großartig mit dem Reiten oder mit dem Körper des Pferdes beschäftigen, mit der Anatomie und den Naturgesetzen … nein, es reicht einfach ein bisschen GEFÜHL.

Durch die jahrelangen Untersuchungen und die Arbeit mit Pferdebesitzern ist mir eines klar geworden:

Je mehr Schmerz der Mensch in sich trägt, desto weniger ist er in der Lage, das Pferd zu spüren und seine Signale zu empfangen. Der eigene Schmerz ist so groß, so überwältigend, dass die Seele nach Linderung streben muss. Je größer der eigene Schmerz ist, desto größer ist auch das Verlangen nach dem Reiten. Weil die Erfahrung des Getragenwerdens im Moment großer seelischer Not so wohltuend ist. Ein Lichtblick, der das Gefühl vermittelt, wie wohlig sich das Leben, das Sein anfühlen können. Verknüpft mit der Hoffnung, dass Heilung möglich ist. So entsteht der Eindruck, mit Reiten könne man sich selbst heilen. Es gibt sicherlich ein Gefühl der Erleichterung vom eigenen Leben, dem eigenen Schmerz, aber man lindert ihn nur vorübergehend, man heilt ihn nicht.

Es ist nicht möglich, einen Schmerz zu heilen, indem man anderen Wesen wieder einen solchen zufügt … und das tun wir alle, wenn wir das Pferd zum Reiten benutzen.

Ich hoffe aufrichtig für die Leser meines Buches, dass sie diese Wahrheit schon irgendwo spüren oder spätestens nach dem Lesen entdecken werden. Denn das wird dir, geliebte Leserin, geliebter Leser, einen Weg eröffnen: erstens zu einer wunderbaren wahren Freundschaft mit deinem Pferd und zweitens zur HEILUNG deines Schmerzes.

Kommen wir zurück zu meinen Anfängen mit den Pferden. Mich hat mein Schmerz zu den Pferden geführt – wie auch jeden von euch. Wir alle, Pferdemenschen, haben dieses gemeinsam. Ausnahmslos. Wenn ich »Schmerz« sage, dann meine ich damit das, was die Reiter dazu bewegt, auf das Pferd zu steigen und sich dieses Gefühl zu holen, welches sie unbedingt zum Überleben brauchen. Wie ein Junkie, der seinen »Schuss« braucht, so ergeht es auch den Reitern, die unbedingt auf das Pferd steigen MÜSSEN. Nur dort bekommen sie dieses Gefühl. Nur dort verschaffen sie sich die Erleichterung. Erleichterung, keine Heilung.

Und das tun wir auf Kosten der Pferde, bewusst oder unbewusst.

Dieses gilt im Übrigen auch fürs Fahren mit der Kutsche. Einmal sagte mir ein Reiter, der die Pferde auch einspannte: »Wenn ich auf der Kutsche sitze und die Pferde vor mir sehe, dann ist meine Welt in Ordnung.«

Mich hat dieser Satz sehr traurig gemacht. Traurig für diesen Menschen und traurig für die Pferde. Das ist er, dieser Zwang, den man bei fast jedem Reiter spüren wird – wenn man ihn eben spüren kann. Man kann ihn erst spüren, wenn man selbst davon befreit ist. Wenn man nicht mehr die Tiere gebrauchen MUSS, um zur Ruhe zu kommen.

Warum ein Pferd trotz Reiten und dem damit verbundenen Schmerz freudig zu einem kommt?

Diese Frage wird mir immer wieder gestellt. Ich denke, das ist eine berechtigte Frage und in der Tat eine Sache, welche erst einmal die Menschen glauben lässt, das Pferd »mag« geritten werden. Also wenn alle essenziellen Bedürfnisse des Pferdes erfüllt sind, Offenstall, Herde, artspezifischer Bewegungs- und Essrhythmus, und zwar auf einem größeren Gelände, Heu *ad libitum*, dann ist das im Folgenden so zu erklären (wenn sie nicht erfüllt sind, dann gibt es andere Gründe):

Das Pferd ist ein hochsensibles Wesen und es mag dem Menschen gefallen. Es mag SEINEM Menschen gefallen. Es gibt kein Tier, meiner Ansicht nach, welches so auf den Menschen zugeht wie ein Pferd, welches in der Lage ist, in die tiefsten Tiefen des Menschen zu schauen, und welches in dem Maße den Schmerz des Menschen spiegelt und verzeiht. Das Pferd ist der klarste Spiegel, den man haben kann, wenn man sich erlaubt hinzusehen. Nur wenn man dieses macht, nur dann wird das Pferd anfangen, einen zu führen, einem den Weg zeigen, den nächsten Schritt.

ERKENNE DICH SELBST: *Bin ich dankbar, dass mich diese Informationen erreichen, damit ich bewusst werden kann? Oder fühle ich mich angegriffen? Werde ich wütend? Wenn ja, zu welcher Gruppe gehöre ich, zu der einen, die wütend wird, weil sie den Missbrauch der Pferde erkennt und sehen kann, oder zu der anderen, weil ich mich angegriffen fühle?*

Solange man das nicht macht, wird das Pferd dulden und verzeihen. Jeden Tag wird es seinen Menschen aufs Neue lieben (es spürt ja auch in vielen Fällen, dass sein Mensch ihn liebt – viele Reiter sagen, sie lieben ihre Pferde, das bezweifele ich nicht) und es wird jeden Tag seinem Menschen verzeihen, dass er nicht hinschaut.

Ich spreche hier über Menschen, die dem Pferd doch eine gewisse Wahl geben und dieses somit auch respektieren. Und das ist sicherlich eine Freundschaft, in der das Pferd eventuell auch spürt, dass sein Mensch den Wunsch hat zu reiten und es das ist, was ihn glücklich machen würde. Und dieses Gefühl bekommt er nur auf dem Rücken des Pferdes. Also trägt es seinen Menschen.

Die Pferde tragen buchstäblich unsere Bürde. Solange der Mensch den Wunsch hat, das Pferd zu besteigen, um ein Gefühl zu bekommen, was ihm im Leben fehlt, und er es nur auf dem Rücken des Pferdes erhält, so lange werden die Pferde diese Bürde tragen »wollen«. Für ihren Menschen. Wenn sich die Pferde einem öffnen, wenn man das lernt, versteht, dessen bewusst wird, welchen Sanftmut und welche Größe diese Tiere für den Menschen bereithalten, dann bräuchte kein Reiter mehr auf den Rücken eines Pferdes zu klettern.

Die Pferde sind die Pförtner zu unserem Höheren Selbst.
Horses are gatekeepers to our higher self.

Mein Schmerz war so groß, als die Pferde in mein Leben getreten sind, dass ich ihren Schmerz nicht spüren konnte. Ich wusste nur, dass irgendetwas nicht stimmt. Da ich ein Anfänger war, hielt ich das für meine Unzulänglichkeit als Reiter und fing damit an, mich tiefer mit der klassischen Reitweise zu beschäftigen, wuchs heraus aus den üblichen Zeitschriften für die Reiter und vertiefte mich in die etwas anspruchsvollere Literatur (wie ich dachte). Wenn man das tut, dann kommt man nicht drum herum, sich mit der »Versammlung« zu beschäftigen, sich mit dem Pferdekörper auseinanderzusetzen: Wie ist er gebaut, was kann er überhaupt ohne Schaden tragen ... und wie erreicht man diese Versammlung?

Sogar nach unzähligen Reitstunden wird man von Reitlehrern immer dasselbe hören: »Du musst jahrelang trainieren, um diese Losgelassenheit zu spüren und das Pferd so auszubilden. Und sowieso, du als Anfänger (wie lange ist man eigentlich ein Anfänger?) sollst auf ausgebildeten Pferden reiten, damit du verstehst und spürst, wie sich so eine Versammlung anfühlt.«

ERKENNE: *Das Wissen, welches die Reitlehrer dich lehren, ist ein Wissen aus der Zeit, als die Menschen noch glaubten, die Erde wäre eine Scheibe.*

Aha. Ich soll jahrelang Pferde quälen, ohne Versammlung auf ihren schmerzhaften Rücken hopsen, sie antreiben, mit ihnen kämpfen, sie zwingen, damit ich irgendwann nach Jahren – vielleicht – diese Fähigkeit erlerne? Hört sich nicht so gut für mich an. Und irgendeiner verspricht mir DANN Losgelassenheit auf dem Pferderücken und mit dem Pferd? Wer glaubt das eigentlich? Entweder du kannst JETZT loslassen oder du wirst es nie können. Es ist immer ein JETZT. Du kannst vieles lernen, aber das Gefühl muss da sein, damit es sich entwickeln kann. Und ohne Vertrauen gibt es keine Gelassenheit. Gefühl für das andere Wesen, Mitgefühl und Einfühlungsvermögen.

Der zweite Punkt hörte sich sehr logisch für mich an, also her mit dem ausgebildeten Pferd. Ich wollte endlich wissen, wie sich diese geheimnisvolle Versammlung anfühlt. Mein erstes »Versuchskaninchen« war ein stolzer bayerischer Warmblut-Wallach, 1,70 m Stockmaß, Rappe, wunderschön. Aber sogar bei der ersten Begegnung fühlte ich, wie verängstigt er war. Nicht nervös, nicht scheu … irgendwie verängstigt. Später kristallisierte sich dieses Gefühl mehr und mehr heraus als Signal für gebrochene Pferde, aber damals wusste ich es noch nicht so genau, da ich noch nicht so viel Erfahrung hatte.

Gebrochen.

Gezwungen das zu tun, was der Mensch will.

Mit Schmerz des Gebisses, mit Peitsche und Sporen.

Mit Instrumenten, welche den Schmerz verursachen.

Da ich bis zu jenem Zeitpunkt nie Sporen benutzt habe, sagte ich also, dass ich sie nicht möchte. Es war mir sogar damals klar: Die sind da, um das Pferd zu verletzen und zu zwingen – und für nichts anderes. Man sagte mir, das Pferd würde sich nicht so gern »ohne« bewegen. Wie bitte? Das soll ein ausgebildetes Pferd sein? Das sich nur mit »feinen« Hilfen bewegt? Fein? Sporen? Ist das nicht etwas merkwürdig?

Da kommt mir die Geschichte einer Frau in den Sinn, die sich leidenschaftlich für die Pferde einsetzte und für das Reiten ohne Gebisse. Ich versuche, ihre Geschichte hier so wiederzugeben, wie sie diese damals erzählt hat: »Da saß ich mit meinem Sohn vor dem Fernseher und wir schauten uns die Olympischen Spiele an. Mein Sohn war fünf und er kannte unsere Pferde seit seiner Geburt, er ist mit ihnen aufgewachsen. Ganz erstaunt fragte er mich: ›Mama, was ist das in dem Mund von den Pferden?‹ Ich antwortete weiterhin in das Bild vertieft: ›Gebisse! Sogar zwei davon! Irgendwann tun sie sogar ein drittes hinein in das Maul von dem armen

Tier!‹ Und dann traf mich die Erkenntnis: Mein Sohn wusste nicht, was ein Gebiss war! Das ist unsere Zukunft. Wir, die Pioniere der neuen Zeit, des neuen Umgangs mit dem Pferd, erziehen unsere Kinder im Gleichklang mit der Natur, im Fühlen mit dem Lebewesen. Und irgendwann wird es kein Kind mehr geben, welches wissen wird, was ein Gebiss ist!«

Ist das nicht inspirierend und eine wunderbare Vision?

Zurück zu dem ausgebildeten Pferd. Ich saß auf ihm und versuchte es sanft aufzufordern zu gehen, so wie ich es mit meiner Stute mache ... Nichts, keine Reaktion. Die Besitzerin darauf: »Habe ich doch gesagt, ohne Sporen ist das nicht so einfach.« Und dann versuchte sie das Pferd mit der Peitsche zu bewegen. Das Pferd spürte ganz genau, dass ich es nicht zu etwas zwingen mochte, was es nicht will, und gab mir eine deutliche Antwort. Die Besitzerin war blind für solche Kommunikation mit dem Pferd, also trieb sie es mit der Peitsche. Das Pferd fing an zu traben und mich und sich selbst zu balancieren, aber es ging nicht in die Versammlung. Im Galopp zeigte es dann Ansätze einer freiwilligen (!) Versammlung (den Unterschied zwischen einer freiwilligen und erzwungenen Versammlung erkläre ich später). Die Besitzerin schrie, dass ich die Zügel »annehmen« beziehungsweise ziehen soll, was also ein Zerren im Pferdemaul bedeutet. Es war mir sehr schnell klar, was ein «ausgebildetes Pferd« ist.

Ein ausgebildetes Pferd ist ein gebrochenes Pferd.

Ein Pferd, welches mit schlimmstem Schmerz in seinem Maul gezwungen ist, das zu tun, was der Mensch von ihm verlangt. Das habe ich von dem Moment an unzählige Male erlebt, sogar beim Beobachten solcher Reiter, welche sich »klassisch« schimpfen. Das Pferd gibt immer die gleichen Signale, das Pferd versucht immer zu kommunizieren ... der Mensch ist blind. Sein Schmerz ist groß, er kann nicht sehen, er kann nicht fühlen, er ist blind und abgestumpft. Er fühlt das Leben nicht.

Die Besitzerin bewies es mir eindrucksvoll, indem sie sich die Sporen anschnallte, sich mit der Gerte auf das Pferd schwang und das arme Tier vorritt. Vom Zerren und Ziehen an den Zügeln, bis die Muskeln schmerzten (so ein großes Pferd heißt schwerste Armarbeit), bis zum Sägen im Maul, damit das Pferd »im Genick nachgibt«, zeigte sie mir die volle Palette dessen, was Reiter üblicherweise tun. Aber keiner wird das zugeben! Sogar dann nicht, wenn man sie dabei beobachtet. Ich beanstandete sofort das Sägen im Maul des Pferdes und sie behauptete, dass das »im Genick nachgeben« ist. Das Pferd dazu zu »bewegen«, im Genick nachzugeben.

Mit was dazu »bewegen«?

Mit dem Schmerz des Gebisses, welches auf den empfindlichen Schleimhäuten liegt, direkt auf dem Knochen! Das ist Schmerz zufügen, das ist Tortur, liebe Freunde!

Foto: Der Kopf des Pferdes ist mittels schmerzhaften Einflusses von zwei Gebissen in eine unnatürliche Position gezwungen. Das Pferd hat Schwierigkeiten zu atmen (große Nüstern, unnatürlicher Speichelfluss), es öffnet das Maul, um dem Schmerz zu entgehen. Die Zunge wird gequetscht, die Gebisse schlagen gegen die Zähne und die gebrochene Trense gegen den Gaumen, wo sie Verletzungen verursacht. Die Gebisse liegen mit ihrem harten Metall in der zahnlosen Lücke (Margo interalveolaris). Nur eine dünne Schleimhautschicht trennt sie von den empfindlichen Nervenenden des N. trigeminus. Die Ohrspeicheldrüse wird gewaltsam gequetscht und das Gewebe verletzt, die Muskeln sind unnatürlich gespannt. Fälschlicherweise wird gelehrt, dass dies eine »Versammlung« wäre, dabei erleidet das Pferd verschiedene Traumata in seinem Körper. Auf Dauer können sich die Muskeln nicht mehr regenerieren (insbesondere bei einer unnatürlichen Haltung) und das Pferd leidet ständig an Schmerzen.

Tipp: *Vergleiche die Fotos der Pferde in einer erzwungenen Versammlung mit denen von Pferden in einer freien Versammlung. Notiere die Unterschiede im Gesichtsausdruck, in der Art und Weise, wie sich die von dem Pferd gebrauchten Muskeln abzeichnen, in der Harmonie, der Bewegung, Energie und welche Gefühle das Foto transportiert.*

Das war das Beispiel einer erzwungenen Versammlung. Warum? Weil jede Manipulation des Kopfes von dem Pferd zwangsläufig in eine erzwungene Versammlung führt. Dies ist unter Zuhilfenahme eines Gebisses der Fall, sodass logischer-weise keine richtige Versammlung stattfinden kann. Und warum?

Wenn man die Mittel des schmerzhaften Einflusses benutzt, um das Pferd in eine Versammlung zu zwingen, findet keine Versammlung aller Muskeln statt. Die aber werden benötigt, um eine richtige Versammlung herzustellen, mit welcher sich ein Pferd trägt.

Ein kluger Mann sagte: »Das Gebiss ist Ausdruck des Reiters Angst vor dem Freiheitswillen des Pferdes.«

Wenn man diesen Weg der Freundschaft mit dem Pferd geht, wird man sehr schnell »aufwachen« und alles selbst sehen können – bei jedem Sportpferd und bei jedem anderen Pferd, welches für die Zwecke des Menschen benutzt wird. Man wird es nicht mehr übersehen können. Ein »Sportpferd« ist keine Bezeichnung, es ist eine Diagnose. Sag mir, was das Pferd zu tun gezwungen ist, wo es eingesetzt wird, und ich sage dir, welche Krankheiten und Schäden es hat. Man wundert sich, wieso habe ich es nicht früher gesehen?

Weil dein Schmerz dich daran gehindert hat.

Hier haben wir ein Beispiel einer freien Versammlung. Das Pferd ist in einem natürlichen Bewegungsfluss, es benutzt automatisch und natürlich die Muskeln, die für die Versammlung seines Körpers gebraucht werden. Keine gewaltsame Manipulation bedeutet auch keinen Schmerz für das Pferd. Die Schönheit (welche die Gesundheit voraussetzt) dieser freien Bewegung ist unübertrefflich:

Merkst du einen Unterschied?

Dies alles sind kleine Schritte und Erlebnisse, welche dazu führen, die bestehenden Systeme zu hinterfragen. Die Welt entwickelt sich weiter. Wir sollen und müssen mit der Zeit gehen, ansonsten können wir uns nicht weiterentwickeln. ✿

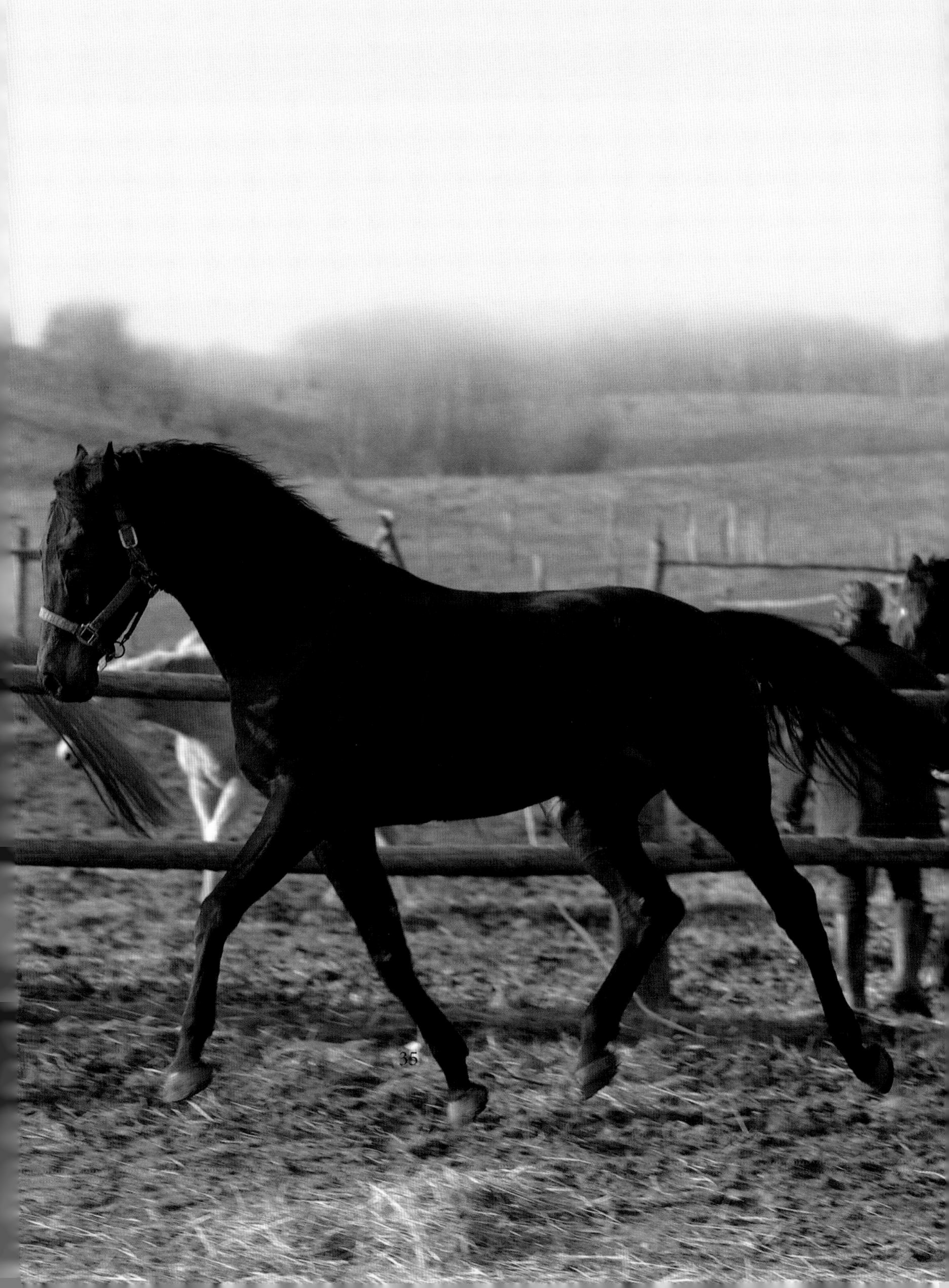

III.
Warum sind Pferde so großartige Lehrer?
Ich bin bereit, den Weg zu wahrer Freundschaft zu
gehen. Ich möchte mein Pferd kennenlernen,
ich möchte mich weiterentwickeln.

WENN ich mich weiterentwickeln möchte, dann habe ich eine Erkenntnis gewonnen. Irgendetwas, irgendwer hat mich dazu gebracht, über mein Leben oder die Zusammenhänge im Leben nachzudenken. Vielleicht habe ich sogar eine schwere Zeit durchgemacht und muss einfach etwas ändern. Aber wozu sind die schweren Zeiten da? Sind sie nicht ein Anstoß für die Menschen, um sie aufzufordern, irgendetwas zu erkennen, was sie nicht erkennen wollen?

Die meisten Menschen tragen eine Maske.

Sie tendieren einfach dazu, sich eine bestimmte Maske aufzusetzen. Vielleicht liegt das daran, dass wir das bei unseren Eltern so gesehen haben, vielleicht denken wir, dass wir das zum Überleben brauchen oder vielleicht machen wir das, weil es einfach alle machen. Für mich waren diese Masken nirgendwo sichtbarer und durchschaubarer als in der Reiterszene. Es steht immer ein Lehrer dort und erzählt über »sanfte Hände«, über »Respekt für das Pferd«, über »Hilfen« und über das, was für das Pferd gut sein soll. Ich hatte immer das Gefühl, diese Menschen sehen mir in die Augen und erzählen einfach etwas, was sie nicht fühlen, was sie nie erlebt haben, weil es einfach nicht existiert. Das sind alles nur leere Worte. Das ist etwas, womit man versucht, etwas zu verdecken. Das ist eine Maske.

Und es gibt zu viele Reiter, die das einfach wiederholen, die einfach nur die Theorien (»das Pferd mit Gewicht lenken«, »das Pferd braucht Gymnastizierung«, »Gebisse tun nicht weh, wenn man sanfte Hände hat«) weitergeben. Und man sieht durch diese Maske hindurch und sieht traurige und unglückliche Menschen, zerrüttete Familien, unglückliche Ehen, spirituelle Leere. Man sieht Menschen, die in dem Glauben leben, dass sie für das, was sie geben, etwas erhalten müssen. Man sieht die Unfähigkeit mitzufühlen. Man sieht die Blockaden, die diesen Menschen nicht erlauben weiterzusehen – und so versuchen sie es nicht einmal.

Die Masken werden bis zum Schluss verteidigt.

Das ist eine Veranstaltung der FEI, *Arctic Equestrian Games, 2012, Melsomvik, Norway*. Der Organisation, die vorgibt, dass das Wohlbefinden der Tiere an erster Stelle steht. Diejenigen, die ständig über »Respekt gegenüber dem Pferd« sprechen …

Das Pferd mit dem blutigen Maul war auf diesem Event zu sehen. Das ist keine Ausnahme, das passiert auf vielen solcher Events. Wir sehen hier ein Tier, das verzweifelt versucht, dem Schmerz zu entgehen.

Der Kommentar einer Besucherin: »Als ich auf diesem Event war, blutete mein Herz. Die Art und Weise, wie ihre Seelen gebrochen wurden, wie sie geschlagen wurden, bis nichts mehr als eine Maschine, ein Roboter übrig blieb, ein Spielzeug für das Vergnügen der Reiter. Ihre Augen waren gefüllt mit nichts anderem als Schmerz, Traurigkeit, Angst und Tod.«

Was können wir hören, wenn wir die verantwortlichen Reiter oder Veranstalter ansprechen?

Tipp: *Versuche deine Wahrnehmung zu schulen. Schau dich um und erkenne, wo die Masken sind.*

– Das ist nur eine Ausnahme, das passiert ansonsten nicht.

– Das ist nur ein Moment.

– Das mache ich mit meinem Pferd nicht.

– Es waren nur ein paar Minuten; das benutzen wir im Training normalerweise nicht.

– Das Pferd ist nur aufgeregt.

– Das ist nur ein Reiter unter so vielen.

– Das Pferd ist ein sehr starkes Tier, es würde sich wehren, wenn es weh wehtun würde.

– Wir wissen nicht, was vor diesem Bild passiert ist.

– Wir sollten nicht über alle Leute urteilen nur aufgrund eines schwarzen Schafes.

– Die Pferde müssen erzogen werden.

Masken! Diese Sätze sind Masken, hinter denen sich Reiter und Organisatoren verstecken!

Aber was ist das Leben?

Woran erkennen wir, dass wir lebendig sind?

Das Leben muss doch mehr sein, als nur auf bestimmte Außenreize zu reagieren. Das Leben hat das Potenzial zum Wachstum. Wie sollen wir wachsen, wenn wir Masken tragen?

Da ist so viel Verwirrung in unserem Leben, dass viele Menschen für die einfachsten Dinge, die jedes Tier instinktiv weiß, ein Seminar benötigen. Die populärsten Seminare sind mittlerweile die, die lehren, wie man am besten schläft, wie man sich entspannt, was man essen, wie man sich bewegen und erfolgreich reden soll. Wir fragen »Experten«, wie wir Grundbedürfnisse umsetzen sollen. Ist es dann wirklich verwunderlich, dass es auch so viele »Experten« gibt, wenn es ums Pferd geht? Und was wissen die »Pferdeexperten« wirklich über das Pferd? Haben sie je die Pferde in der optimalen Haltung ERLEBT?

Menschen neigen dazu, Dinge nachzumachen. Sie machen das nach, was die »Lehrer« sagen, und diese wiederum das, was sie von den »alten Meistern« lernten – und so geht das seit Jahrhunderten und nichts hat sich weiterentwickelt. Obwohl, wenn man sich »Pferdesport« anschaut, dann hat sich das vielleicht schon irgendwie entwickelt. Aber leider nicht zum Besseren.

Der »Pferdesport« ist einfach eine Konsequenz der Masken, die wir tragen, der Rollen, die wir glauben spielen zu müssen, und unserer Entfernung von der Natur

und von uns selbst. Es ist ein Ausdruck der spirituellen Leere, ein Ausdruck des
Schmerzes in uns – es ist unser Spiegel.

Ziemlich hässlich das Bild, nicht?
Augen sind der Spiegel der Seele …

Ich glaube, dass Menschen spirituelle Wesen sind. Wenn Menschen ihre Spiritualität nicht fühlen können, dann entsteht oft das Gefühl der Bedeutungslosigkeit des eigenen Lebens. Als Resultat entwickeln sie meist Depressionen und eine Neigung zu ungesundem Essen.

Sehr viele Reiter befinden sich in genau diesem Zustand. Sie versuchen, ihre »Freude« am Leben beim Pferd zu finden. Für etliche ist es der Mittelpunkt des Lebens und es ist unvorstellbar, ohne Pferd zu sein. Das Reiten ersetzt ihnen genau das, was zu diesem Zustand geführt hat, und verschafft gute Gefühle, einige wenige glückliche Momente und ein bisschen Verbindung mit der Natur.

Wenn diese Menschen das Gefühl bekommen, man möchte ihnen das Reiten »wegnehmen«, dann ist das für sie ein sehr negativer Außenreiz. Reiter reagieren sehr ungnädig, wenn das Pferd mal krank ist und sie selbst »nichts zu reiten« haben. Das Pferd spiegelt ihnen durch das »Nicht-reitbar-sein« ihre Hilflosigkeit und Verlorenheit, wenn der Glück bringende Moment des Getragenwerdens für eine Zeit entfällt und sie sich nicht vor der eigenen Leere und dem eigenen Schmerz auf den Rücken des Pferdes retten können. Die Bereitschaft, ein immer wieder zu krankheitsbedingten Reitausfällen neigendes Pferd abzugeben, es zu verkaufen und durch ein neues zu ersetzen, ist daher ebenfalls recht groß. Wenn wir uns in einer solchen Situation befinden, dann kreiert das einen Angriff auf unsere Gefühle und unseren Intellekt. Wenn wir so weit von uns selbst und der Natur entfernt sind, dass wir nicht einmal mehr das geliebte Tier spüren können, dann »verhungern« wir innerlich. Wir versuchen dieses zu kompensieren, indem wir das Tier benutzen, aber das hilft nicht. Wir bleiben spirituell unterernährt.

Ich las einmal eine Beschreibung auf Facebook, die das sehr gut ausdrückt. Ich gebe sie im Original wieder: »Ich kann nachvollziehen, dass man vor Tausenden Jahren (wie viele es auch sein mögen) die Idee sinnvoll fand, sich auf ein Pferd zu setzen, um schneller voranzukommen. Dass ein Pferd sich auf einen Ausritt freut und bei demselben glücklich wirkt, liegt evtl. einfach nur daran, dass es sich ja sonst an kaum etwas erfreuen kann und sich womöglich längst damit abgefunden hat, sich dem Menschen fügen zu müssen. Ein Pferd möchte ganz bestimmt lieber mit seinen Artgenossen durch die Wälder streifen … ohne eine Last tragen zu müssen. Zudem wurden sie in ein System hineingeboren, sie waren ja niemals wild und kennen es nicht anders. Wenn ein Pferd während des Reitens zufrieden wirkt, gleicht es dem Menschen im Höhlengleichnis, welcher sich an Schatten erfreut … denke ich. Und bei den Kindern ist es das Gleiche wie beim Fleisch … Im Kindergarten

ERKENNE: Sieh durch die Maske hindurch und erkenne, was das Pferd spricht. Höre dem Pferd zu, nicht dem Menschen. Sieh in seine Augen. Erkenne die Wahrheit, das ist der Weg zu dem Pferd und zu dir selbst.

41

basteln sie fröhliche Schweinchen und später gibt's Gulasch. Reiten ist anerzogen, wie Fleisch essen. Die meisten Reiter haben als Kind angefangen … also am besten zuerst die Reitschulen schließen ;). Es scheint, als fällt es Menschen meist sehr schwer, ihr Verhalten und insbesondere ihre Erziehung zu reflektieren, daher ist einfach vor allem Verständnis notwendig. Mehr Verständnis und Mitgefühl für ALLE ist gefragt. Nicht nur für Tiere und Kinder, sondern vor allem auch für die, die nicht so handeln, wie man es selbst für richtig hält.«

Ich finde es großartig, dass solche Reaktionen der Menschen überall zu lesen sind – die Menschheit erwacht und entwickelt sich weiter, wie wunderbar! Einen Satz aus dem eben gegebenen Facebook-Zitat würde ich gerne in einem anderen, aber sehr treffenden Kontext wiederholen: Dass ein MENSCH sich auf einen Ausritt freut und bei demselben glücklich wirkt, liegt eventuell einfach nur daran, dass er sich ja sonst an kaum etwas erfreuen kann und sich womöglich längst damit abgefunden hat, sich seinem Leben fügen zu müssen.

Wenn ich mich auf mein Pferd von Herzen einlassen möchte, offen und ehrlich auch das zu sehen und zu empfangen, was mir eventuell nicht gefallen wird, dann lasse ich mich auf eine Reise zu mir selbst ein. Am Anfang glaubt man vielleicht, man gibt etwas auf, und das tut man in einer gewissen Art und Weise. Aber in Wirklichkeit macht man sich bereit und frei für großartige Veränderungen. Man ahnt am Anfang ja gar nicht, was überhaupt passieren wird, denn man hat so unheimlich viele alte Glaubenssätze in sich, welche einen beengen. Welche einen nicht weiter als bis zur eigenen Nasenspitze sehen lassen. Man hat sich vielleicht im Kopf nicht nur einen bestimmten Plan zurechtgelegt, den man verfolgen möchte, sondern vielleicht auch bestimmte Erwartungen.

Mache dich frei von alledem, soweit es geht! Das alles, was du in der Vergangenheit mit den Pferden erlebt hast, geschah auf einer anderen Basis, aus einer anderen Einstellung heraus. Überlasse es der Vergangenheit und schaffe Platz für etwas Neues. Alles Zukünftige wird von deiner jetzigen Einstellung abhängig sein und von deiner Weiterentwicklung.

Die erste Frage, welche bei vielen Reitern aufkommen mag, ist: »Warum soll ich auf etwas verzichten, was mir so viel Spaß macht? Mein Pferd liebt mich auch so.«

Ich glaube jedem Reiter, dass ihm das Reiten Spaß macht. Und es gibt sicherlich nur eine Antwort darauf: »AUS LIEBE.«

Wir Reiter, wir Pferdemenschen, haben Schmerz in uns. Viele sind sich dessen gar nicht bewusst. Sie leben mit diesem Schmerz ein Leben lang und kennen es nicht anders. Und wenn Schmerz plötzlich anfängt weniger zu sein oder sich wandelt, erst dann werden sie sich dessen überhaupt bewusst, dass sie ihn schon ihr ganzes Leben lang in sich in sich getragen haben.

Und deswegen sind die Pferde so großartige Lehrer. Weil sie uns führen können – zu unserem Selbst. Sie können den Weg zeigen, sie werden mitfühlen, sie werden reflektieren. Für jede gute Tat, die wir tun, bekommen wir Vielfaches zurück. Jede selbstlose Handlung gegenüber unserem Pferd bekommen wir hundertfach belohnt.

Wir bekommen uns selbst zurück. ❦

IV.
Meditatio-Lektionen. Die Philosophie in der Praxis.
Wie betrete ich die Welt der Pferde?

FÜHLST du dich gerufen, einen anderen Weg mit deinem Pferd zu gehen? Spürst du tief in dir die Sehnsucht nach wahrer Freundschaft mit deinem Pferd? Nach einer Freundschaft, die diesen Namen verdient. Nach einer Freundschaft, die auf dem freien Willen der Beteiligten basiert. In der sich dein Pferd dir öffnen wird. In der du ERFAHREN wirst, was eine Freundschaft mit einem Pferd bedeutet. Und in der du eine Ahnung davon bekommen wirst, was noch möglich ist. Aber gehen wir doch Schritt für Schritt voran, denn eine Entwicklung und ein Erfahrungsprozess brauchen Zeit und Raum.

Meditatio-Lektion 1: Entdecke das Pferd

Wenn man beginnt, mit dem Pferd nach den Meditatio-Lektionen der Academia* zu arbeiten, ist eine Sache unvermeidlich: Man muss aufhören, mit dem Pferd zu arbeiten.

Unsere Welt ist zielorientiert, jeder folgt einer Absicht – und genau das, was Pferde nicht tun, das ist ein Hindernis, wenn du mit dem Pferd frei arbeiten willst.

Wir tun zu viel.

Viele Menschen kommen zu den Pferden, folgen unterschiedlichen Anweisungen verschiedener Menschen und das bedeutet, dass sie nicht ihren eigenen Gefühlen folgen und sie nicht entwickeln. Sie folgen einfach den Ideen anderer. Das wird früher oder später in eine Sackgasse führen.

Der Weg der Academia ist ein anderer. Wir ermutigen Menschen zu entdecken, zu denken und sich selbst in jeder Hinsicht zu entwickeln. Der erste Schritt ist es, die Pferde in ihrer Natur und ihr Verhalten kennenzulernen … DEIN Pferd kennenzulernen.

*Academia Artium Didacticum Equiorum In Liberti, http://www.academialiberti.de

45

Nicht um herauszufinden, wie dein Pferd reagiert, wenn du etwas von ihm verlangst. Es geht nicht um den täglichen Kampf, den man in jedem Reitstall sehen kann. Sondern darum, die Welt der Pferde als Gast zu betreten, um zu sehen, zu lernen und zu verstehen.

Wenn du diesen Weg beginnst, solltest du alle deine Absichten hinter dir lassen, du solltest all dein Wissen über Pferde, was du glaubst zu haben, hinter dir lassen und dich öffnen, um eine andere Realität zu erleben.

Es heißt nicht nur, dass du mit deinem Pferd nicht arbeiten, sondern überhaupt nichts mit dem Pferd körperlich unternehmen sollst. Und auch, dass du lernen sollst deinen Geist zu befreien und innerlich loszulassen.

Schau dir diese Bilder an und lasse sie auf dich wirken.

Wie fühlt es sich an, keine Absicht zu haben?

Wie fühlt es sich an loszulassen?
Einfach da sein und ihnen zusehen.

Interaktion zwischen unterschiedlichen Spezies.

48

Wu Wei … die Kunst etwas zu tun, ohne es »zu tun«. Wenn Bäume wachsen, tun
sie dies, ohne etwas zu tun.

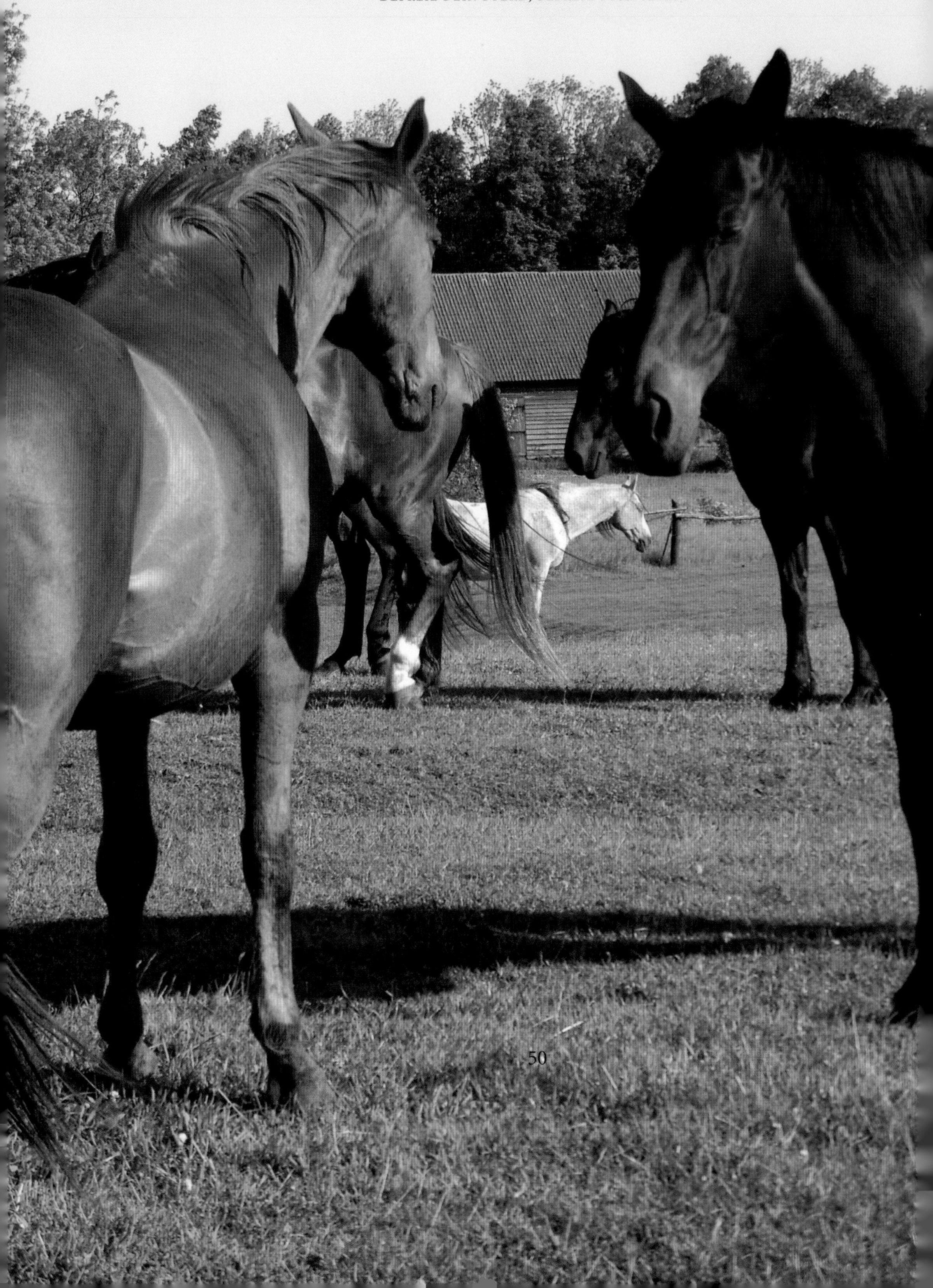

Sinke in ihre Welt.

Höre zu, fühle, erlaube dir, in eine andere Welt einzutauchen.

Entdecke das Pferd.

Pferde sind die Pförtner zu des Menschen Höherem Selbst. Und du hältst den Schlüssel in deiner Hand.

Bevor du die Welt der Pferde betrittst, solltest du zuerst auf die Einladung warten und du wirst schnell verstehen, wie oft wir eigentlich den Gastgeber beleidigen.

Lasse diese Bilder für eine Weile auf dich wirken. Ist das die Realität, welche du mit deinem Pferd erlebst?

Welche Gefühle sind in dir geweckt?

Wenn du ein/e Sportreiter/in bist, dann siehst du Pferde wahrscheinlich nur in den Ställen oder Boxen. Du erlebst sie wahrscheinlich nur in den staubigen Reithallen, in denen du dem gezäumten Pferd versuchst beizubringen, etwas zu tun, was du möchtest. Deine Welt dreht sich wahrscheinlich um Leistung. Wie würde sich das anfühlen loszulassen? Wie würde sich das anfühlen, mit dem Pferd plötzlich gar nichts mehr tun zu müssen? Möchtest du es dir erlauben?

Vielleicht bist du ein/e Freizeitreiter/in. Vielleicht hast du Glück und dein Pferd lebt in einem schönen Offenstall und du bekommst ab und zu die Gelegenheit, etwas von der Natur des Pferdes zu erfahren. Vielleicht möchtest du mit deinem Pferd gar nicht großartig üben, du genießt die Ausritte in die Natur, denn da kannst du so schön entspannen. Du fühlst dich mit deinem Pferd irgendwie verbunden und das Pferd mag es auch, durch die Felder zu rennen und durch die Wälder zu streifen. Und das Leben sieht nach so einem Ausritt wieder ganz anders aus?

Das alles ist nicht die Welt der Pferde. Auch wenn man es vielleicht glauben mag, weil es die Welt ist, die man um sich sieht. Aber das ist sie nicht. Vielleicht hast du irgendwo in der Nähe die Gelegenheit, eine Pferdeherde auf einem größeren Gelände zu besuchen? Pferde, die das ganze Jahr über draußen leben dürfen? Nimm dir die Zeit und besuche eine solche Herde. Wenn es dazu keine Gelegenheit gibt, dann wenigstens eine Herde auf der Wiese (oder dein Pferd, wenn es so lebt). Nimm dir nichts vor. Gehe hin mit offenem Herzen, etwas Neues kennenzulernen und zu erfahren. Lasse dich darauf ein. ❦

Wir fahren mit dem praktischen Teil fort. Es gibt keine Vorgabe, was und wie lange du es machen sollst. Es geht darum, dieses selbst herauszufinden. Du sollst deinen inneren Kompass finden, ein untrügliches Gefühl entwickeln, das dich mit den Pferden verbinden und dir immer die richtige Rückmeldung geben wird. So etwas braucht Zeit, einen offenen Geist und ein offenes Herz. Am Anfang wirst du interessiert sein, die Pferde wirklich kennenzulernen, aber dann wirst du über dich selbst staunen. Du wirst über die Pferde dich selbst erst kennenlernen. Es ist eine Reise ins Unbekannte – erlaube sie dir. Und erlaube deinem Pferd, diese mit dir zu erleben.

Meditatio-Lektion 2: Emotional intelligentes Annähern

Die Zeit, die wir mit unseren Pferden verbringen, ist kostbar. Jede Minute ist wertvoll, da sie sich nicht wiederholen wird. Wir sollten jede dieser Minuten leben, im gegenwärtigen Moment. Und wir sollten diese Zeit mit allen Sinnen fühlen und genießen.

Wenn du die erste Meditatio-Lektion richtig ausgeübt hast (und es wird von dir selbst abhängig sein, wie lange du diese praktizierst, um die Bereitschaft für den nächsten Schritt zu verspüren), dann bist du jetzt langsam in der Lage, störende Gedanken zu ignorieren und nach der inneren Stille zu streben. Du hast erkannt, dass du, wenn du in die Welt des Pferdes eingeladen werden willst, eine innere Ruhe benötigst und tief in dir realisieren musst, dass die Zeit nicht existiert. Es ist alles ein immerwährender Moment.

In diesen Lektionen werde ich absichtlich nicht deine persönliche und vielleicht normale Art der Annäherung an das Pferd hinterfragen. Die Fragen werden von selbst auftauchen und sich dir in den Weg stellen. Du wirst sie wahrnehmen und selbst Antworten darauf finden. In welcher Laune bin ich, wenn ich zu meinem Pferd komme? Was denke ich? Wenn mein Pferd mich widerspiegelt (und jedes Pferd tut dies), was sagt es mir dann? Wie sollte die Kommunikation mit dem Pferd aussehen, wenn ich in seiner Welt bin?

Darauf gibt es nur eine Antwort: Du entwickelst dein Gefühl und lernst, diese feine Sprache zu verstehen. Man muss sich als Person weiterentwickeln, um in der Lage zu sein, diese Sprache und die Hauptprinzipien, die in den Grundlagen der Academia erklärt werden, zu verstehen. Es hängt von der persönlichen Entwicklung ab, festzustellen, dass das Pferd in keiner Weise von uns ausgenutzt werden will und soll. Pferde mögen es nicht, geritten und ausgenutzt zu werden, und auch nicht, wenn man ihnen mit Zwang begegnet. Wer mag das schon?

Wie schwer ist das zu verstehen?

Für uns Reiter sehr schwer am Anfang!

Aber es wird verständlicher, sobald man beginnt, mit den Pferden zu kommunizieren und die Antwort zu HÖREN, selbst dann, wenn man sie nicht mag. Und an diesem Punkt wird es für viele Leute schwierig.

Und das ist auch der Grund dafür, warum wirkliche Kommunikation mit Pferden für so viele Reiter nicht einfach zu lernen ist, da es zu viele Antworten von ihnen gibt, die der Mensch nicht hören will. Und bitte, lasst mich betonen, dass ich hier eine bestimmte Qualität der Kommunikation meine. Die Kommunikation, welche es möglich macht, die Elemente der Hohen Schule in Freiheit zu unterrichten. Kommunikation und Verständnis machen es möglich, die Pferde artgerecht auf riesigen Wiesen zu halten und ihnen eine Wahl zu geben. Sie werden sich trotzdem (oder gerade deswegen) dafür entscheiden, mit dir zu arbeiten, anstelle mit der Herde zu grasen.

Kommunikation … Was ist Kommunikation mit dem Pferd? Was ist die Basis dafür, worauf muss ich achten? Bisweilen macht es Sinn zu versuchen, die Beständigkeit zwischen unserem Körper und den umliegenden Dingen zu verstehen. Die aufgeteilte Oberfläche zwischen ihnen ist – wenn wir versuchen, die unterschiedlichen Level (atomar, subatomar oder energetisch) zu verstehen – im Grunde bloß eingebildet. Der Körper ist in konstanter Berührung mit der Luft und den umgebenden Substanzen und er ist immer dabei, Schweiß oder andere Substanzen an die Umgebung abzusondern. Pferde können dies viel deutlicher wahrnehmen als wir. Es ist wichtig, sich dieser Art der Kommunikation bewusst zu werden. Bei dem Wechsel zum energetischen Level wird es sogar noch intensiver und klarer.

Es gibt keine Grenzen.

Wir sind eins mit dem Umliegenden, wir können eins sein mit dem Pferd.

Denke darüber nach und fühle diese Einheit.

Dies ist natürlich eine konstante Reise, und es ist eine wunderschöne Reise. WIR sind erst am Anfang, wir sind nicht in Eile. Also lasst uns sehen, wie wir beginnen können, uns dem Pferd mit emotionaler Intelligenz anzunähern.

Wenn ich die Zeit damit verbracht habe, das Pferd wahrzunehmen und wirklich nichts getan habe, um ein Ergebnis zu erzielen, wenn ich nur zugesehen und versucht habe, die Gefühle zu entwickeln und zu lernen – dann ist die Zeit gekommen (mein Gefühl wird mir sagen wann; es dauert vielleicht Wochen oder Monate, je nachdem wie oft das Pferd von den Menschen verletzt wurde), die Einladung anzunehmen. Ich werde langsam versuchen, mich dem Pferd zu nähern, solange es mir dies erlaubt.

Es ist wichtig, mit dem Pferd vollkommen frei zu arbeiten.

ERWARTE NICHT!

Sehr, sehr wichtig! Frage nur. Es ist ein Spiel.

Es ist Freundschaft.

Du wirst spazieren gehen zum Grasen (bitte mit Halfter, wenn eine Gefahr für das Pferd vorhanden ist).

Foto: Spaziergang mit dem freien Pferd. Das Pferd folgt seinem Menschen freiwillig, wenn das Vertrauen besteht.

Du wirst versuchen, zusammen mit deinem Pferd auf der Koppel freudig zu spielen und zu rennen.

Du wirst versuchen, dich selbst in verschiedene Stellungen zum Pferd zu bringen und dabei seine Reaktionen erkunden.

Wenn du nichts erwartest und einfach nur zuhörst, wirst du eine Antwort erhalten. Du wirst plötzlich den Impuls haben, nach Dingen zu fragen …

Fotostrecke: Ausbildungsarbeit auf der Koppel: Das Pferd entscheidet mit seinem freien Willen, was es tun möchte. Es hat jederzeit die Möglichkeit, zur Herde zu gehen. Das Pferd wird gefragt, ob es sich hinlegen mag. Es folgt der Aufforderung, anschließend werden Zuneigungs- und Vertrauensbekenntnisse ausgetauscht.

Und du wirst Antworten bekommen!

Du wirst lernen, in der Gegenwart zu sein und zusammen zu sein … nur mit deinem Pferd zusammen zu sein.

Vergiss nicht das Wichtigste: deinem Pferd jeden Tag zu sagen, dass es das schönste und cleverste Pferd auf der ganzen Welt ist, und du wirst auch darauf eine Antwort bekommen.

Es gibt keine Grenzen.

Wir sind eins mit dem Umliegenden, wir können eins sein mit dem Pferd.

Denke darüber nach und fühle diese Einheit.

Und eines Tages wirst du dich in dir selbst sicher fühlen. Du wirst Einheit spüren.

Du wirst den Impuls bekommen … Und da werden keine Grenzen für dich und dein Pferd sein …

Das ist wie beim ersten Mal, als ich den Impuls bekam, meine Stute frei laufen zu lassen. In Deutschland ist das nicht üblich und bis zu diesem Punkt hatte ich das nie in Erwägung gezogen. Zu groß erschien mir Gefahr, dass sie fortlaufen würde, vielleicht sogar auf die Straße. Bis dahin habe ich nie jemanden gesehen, der sein Pferd frei spazieren lassen würde. Es war eine innerliche Befreiung, die sich materialisiert hat.

Freiheit.

Wie weit bist du? Hat sich etwas in deiner Wahrnehmung verändert? Wie fühlst du dich, wenn du zu den Pferden gehst? Was hat sich verändert? Was spürst du in dir? Lasse dir die Zeit. Die Zeit ist sowieso nur eine Illusion. Es ist immer JETZT. ✸

.Meditatio-Lektion 3: Aufbau der Kommunikation, Teil 1

Man sollte sich immer bewusst sein, wie wunderschön diese Reise mit seinem Pferd ist. Wie viele Möglichkeiten sie eröffnet, wie ausgefüllt sie ist, wie viel Freude das Leben zu bieten hat, wenn wir beginnen, auch kleine Dinge zu sehen und ihren Sinn zu begreifen. Nirgendwo anders kann man diese wertvolle Lektion für das Leben lernen als genau in dem folgenden Zusammenspiel mit seinem Pferd. Denn jetzt sind wir an diesem Punkt in unserer Beziehung und Arbeit mit Pferden. Die Kommunikation, die wir in der Academia praktizieren, basiert auf GEMEINSAMEM Lernen und GEMEINSAMER Bereitwilligkeit zu verstehen.

Dies würde ebenfalls bedeuten, dass du nicht einmal versuchen solltest, einem Pferd etwas beizubringen, wenn es keine Bereitwilligkeit und kein Interesse zeigt. Der Dialog ist das, was wir suchen, und nie einseitige Kommunikation. Die Beziehung zwischen dir und deinem Pferd sollte so entwickelt sein, dass das Pferd dir zuhören MÖCHTE. Das Pferd sollte dir die Aufmerksamkeit schenken, weil es das SELBST WILL. Solange man diese Aufmerksamkeit nicht hat (nicht verdient hat), macht es wenig Sinn, von einem freiwilligen Lehren und Lernen zu sprechen oder davon zu träumen. Ein Training mit dem Pferd auf der Basis des freien Willens ist Schritt für Schritt Arbeit. Es ist das Verstehen des Wesens Pferd. Es ist das Ausbilden der Fähigkeit, mit den Pferden ohne jegliche physische Manipulation zu kommunizieren. Am Zügel ziehen kann jeder, die Peitsche schwingen auch. Das machen die Menschen, die nicht mit den Pferden kommunizieren können. Das wollen wir nicht. Es ist sehr wichtig zu verstehen, dass jede Lektion in einer solchen Ausbildung des Pferdes gleich viel wert ist. Wobei die Lektionen am Anfang ein wenig wichtiger sind als die, die dann Elemente lehren, weil sie die Grundlage bilden für die ganze weitere Arbeit mit Pferden.

Wie wir feststellen, kann Kommunikation ein sehr schwieriges Thema sein. Aber etliche Dinge werden viel klarer und leichter, wenn wir lernen zuzuhören und zu DENKEN, bevor wir uns selbst ausdrücken. Das Wichtigste, was man verstehen muss, ist, dass man NIEMALS versuchen sollte, sein Pferd dazu zu bringen, etwas zu tun. Es ist Freundschaft, es ist beidseitiges Geben und Nehmen, es ist das Fließen von Energie. Kein Ziel, nur die Reise mit dem Pferd entdecken.

Es ist sehr gut, mit verschiedenen Spielen mit deinem Pferd zu beginnen, zum Beispiel mit Ballspielen. Vielleicht gehst du mit verschiedenen Bällen, Gerte (wenn das Pferd keine Angst davor hat) oder anderen Spielzeugen zu deinem Pferd in den

Auslauf oder in die Halle. Setze dich irgendwohin und lass dein Pferd sich nähern. Lass es seine eigene Entscheidung treffen.

Wertvolle Momente. Es ist ein Zusammenspiel, es ist Spiel, es ist Freundschaft … nur Spiel, kein Ziel! Lasst uns sehen, wie dein Pferd reagiert. Lerne dein Pferd kennen. Bringe es nicht dazu, etwas zu tun. Es ist Freundschaft.

Foto: *Der Mensch hält sich zurück und lässt dem Pferd den Raum zum Agieren.*

Lernen sich gegenseitig zu vertrauen … und VERTRAUEN ist nur ohne Schmerz oder Manipulation möglich. Kann ich mir und meinem Pferd vertrauen? Wenn ich mein Pferd dazu bringe, etwas zu tun, wird es mir NIE möglich sein zu vertrauen. Nur freiem Willen kann man vertrauen.

Foto: Die ersten Lektionen zum Üben sind einfach nur dem Erkunden gewidmet. Das Spiel anbieten, fragen, aber nicht erwarten. Einfach sehen, was passiert. Kreativität und Ideen sind gefragt.

Du kannst auch versuchen, Denkspiele mit deinem Pferd zu spielen, wie das Erkennen von Halftern, Spielzeug in verschiedenen Farben oder jedes andere lustige Spiel, was du deinem Freund vorschlagen möchtest. Zum Beispiel das Verstecken von Karottenstückchen und das gemeinsame Suchen mit deinem Pferd. Das ist sehr lustig und hilft enorm dabei, die Kommunikation weiterzubilden.

Wenn dem Pferd die Freiheit, eine Wahl zu treffen, gegeben wird, dann kann das Zusammenspiel eine ungeahnte Qualität erreichen – und nur diese Qualität kann dir die weiteren Türen zu deinem Pferd öffnen. 🐾

Wie fühlst du dich? Wie fühlt sich das Zusammensein mit deinem Pferd an? Hat sich etwas verändert? Was hat sich verändert? Vielleicht fängst du an zu verstehen, dass das alles mit der Pferdewelt bis dato eine … Täuschung war? Sie zeigen dir ein ganz anderes Gesicht? Es kann sogar sein, dass sich dein Pferd gar nicht mehr für dich interessiert. Es kann sogar sein, dass dein Pferd dich komplett ignorieren wird. Keine Sorge, das ist ein sicheres Zeichen, dass du auf dem richtigen Weg bist! Du gibst deinem Pferd zum ersten Mal den Raum, sich frei auszudrücken. Zum ersten Mal darf es dich seine ehrliche Meinung spüren lassen ohne Angst, dass es bestraft wird, wenn es nicht gehorcht. Was auch immer das Pferd jetzt macht, es spiegelt dir genau das wider, was es von dir und deinem bisherigen Umgang mit ihm hält. Schaue dir diesen Spiegel an und du wirst dich selbst darin erkennen. Habe Mut, dich dem zu stellen.

Meditatio-Lektion 4: Aufbau der Kommunikation, Teil 2

Mein Pferd hat begonnen, mir zu vertrauen. Ich bemerke deutliche Veränderungen in seinem Verhalten. Ich fühle Annäherung und den Beginn von Einigkeit. Ich spüre Veränderungen in meinem eigenen Verhalten gegenüber meinem Pferd und anderen Menschen. Gegenüber dem Leben im Generellen?

Ich merke, dass ich mehr und mehr in der Lage bin, die Gefühle meines Pferdes in unterschiedlichen Situationen zu fühlen. Beim Zusehen, wie andere ihre Pferde auf die herkömmliche Art behandeln, wird mir bewusst, wie sehr diese Pferde leiden. Das Reiten eines Pferdes erscheint mir plötzlich als eine Art primitiven Vergnügens. Etwas in mir erwacht und beginnt den Prozess der Entwicklung und der Realisation, was ich nicht mehr leugnen kann. Alles, von dem ich dachte, es sei Pferdetraining, sehe ich jetzt als Misshandlung.

Dann bin ich bereit, die Kommunikation mit meinem Pferd zu vertiefen, ohne zu riskieren, Zwang in meine Aktionen zu bringen. Die Erwartungen, die ich lange Zeit hatte, haben begonnen sich zu verringern, sie schwinden dahin – durch mein neu entwickeltes Gefühl.

Um jetzt in deiner Entwicklung und auf der Reise mit deinem Pferd weiter fortzuschreiten, bist du gerufen zu erforschen, wie dein Pferd reagiert, wenn du etwas von ihm möchtest (ohne die Erwartung, dass es das tun wird!). Dies ist sehr wichtig! Nur fragen und ERFORSCHEN. Finde heraus, wie es reagiert. Lerne dein Pferd in dieser Art des Zusammenspiels kennen. Nicht weil du es dazu bringen möchtest, etwas zu tun, sondern weil du interessiert bist, ob und WIE es reagieren wird.

Um diese Art des Zusammenspiels zu erforschen, ist es empfehlenswert, einen Platz zu suchen, wo du alleine und ungestört mit deinem Pferd bist. Du solltest dich auf das Pferd konzentrieren und dein Pferd sollte sich auf dich konzentrieren. Es ist nicht nötig zu erwähnen, dass dies nur möglich ist, wenn das Pferd auch mit dir zusammen sein möchte und nicht anzeigt, dass es Platz oder Halle lieber verlassen würde. Du bist noch immer hier in dieser Phase, in der du tust, was dein Pferd tun möchte. Und es wird immer so sein, nur mit dem Unterschied, dass das Pferd beginnt, das zu wollen, was du willst und mit VOLLEM Vertrauen auf dich reagiert. Aber dies ist ein langer Weg für den Menschen, ein anspruchsvoller Weg … jedoch kann ich bestätigen: Er ist es wert. Also versuchst du vielleicht verschiedene Bewegungen und siehst, wie das Pferd reagiert. Ist vonseiten des Pferdes Bereitschaft da, mit mir zu kommunizieren? Fragen ist erlaubt.

Foto: *Wir fragen das Pferd, ob es dem Menschen folgen mag. Beinarbeit wird synchronisiert, der Mensch stellt sich auf das Pferd ein.*

Kann ich mich in einer Art ausdrücken, dass das Pferd mich auch versteht?
Wenn das Pferd mich nicht verstehen kann, bin ich aufgerufen, es richtig zu erklären. Dann muss ich darüber nachdenken, wie ich es besser vermitteln kann.

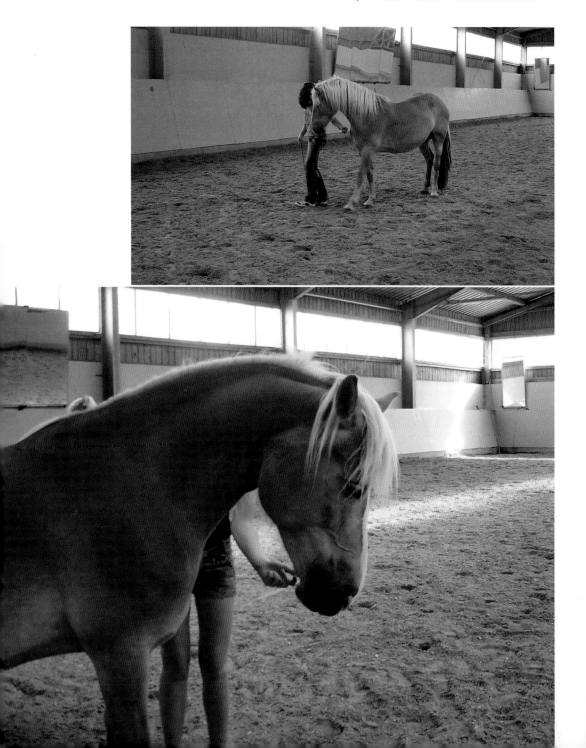

Versucht zusammen zu laufen und wieder anzuhalten, versuche die Bewegungen des Pferdes widerzuspiegeln. Oder frage, ob das Pferd deine Bewegungen spiegeln mag.

Vergiss niemals: Wir sind die, die etwas vom Pferd möchten! Sie wollen nichts von uns …

Wir brauchen sie, denn es ist etwas in uns, das uns zu ihnen zieht. Erkenne dich selbst. Versuche zu kommunizieren.

Foto: *In Workshops lernen wir, wie die wahre Kommunikation mit dem Pferd aussieht.*

Halte diese Sitzungen kurz, vielleicht fünf bis zehn Minuten, und dann gehe mit deinem Pferd spazieren (immer mit einem Halfter, wenn es Gefahren für das Pferd gibt).

Oder versuche an einem anderen Tag das Gleiche im Auslauf oder draußen und siehe, wie das Pferd da reagiert.

Foto: *Das Pferd folgt der Einladung des Menschen aus freiem Willen. Wenn der Mensch lernt, wie, dann ist die Kommunikation sehr einfach.*

Foto: *Dem kleinen Fohlen wird Gertenspiel angeboten. Es hat keine Angst, da es niemals damit bedroht oder geschlagen wurde. Es vertraut dem Menschen. Die wahre Kommunikation ist einfach und bereichernd, wenn das Vertrauen vorhanden ist.*

Denke immer daran, es ist ein Spiel und es ist Spaß. Wenn du möchtest, dass das Pferd gerne mit dir zusammen ist, dann muss es sich dabei gut fühlen. Und dafür bist Du verantwortlich, da du derjenige/diejenige bist, der/die etwas von ihm will, nicht wahr?

Wir alle erlebten einen Prozess, in dem wir nur von unseren Pferden genommen haben. Jetzt ist es an der Zeit, dies zu korrigieren. Jetzt ist es an der Zeit zu geben – ohne Erwartungen.

Wie fühlt es sich an zu geben, ohne dafür etwas haben zu wollen? Nicht jeder kann dies. Es benötigt das Erkennen von Reichtum und Schönheit des Lebens, die Erkenntnis der Tiefe dieser Einstellung anhand der eigenen Handlungen.

Pferde sind in der Lage, so zu handeln.

Es muss wahrlich ein edles Gefühl sein! ❦

Wie lange es gedauert hat, bis du zu diesem Punkt gekommen bist, hängt von sehr vielen Faktoren ab. Es hängt davon ab, wo du dich in der Pferdewelt befindest, von dem Wesen deines Pferdes, von der Art, wie sein Leben bis dato verlaufen ist. Es hängt von der Umwelt ab, in der ihr euch befindet, aber am allermeisten von dir: was du für ein Mensch bist, wie weit du bereit bist, dich dem Leben zu öffnen und wie weit du dich entwickelst, um das Pferd als deinen Lehrer zu akzeptieren. Wir können den Pferden nichts beibringen, denn sie wissen schon alles, noch bevor wir es wissen. Was sind deine Eindrücke bisher? Was beflügelt dich, was bremst dich? ❦

V.
Ich beginne zu verstehen und eröffne mir damit andere
Einsichten in das Leben der Pferde.
Ich eigne mir Wissen an:
über das Wesen Pferd, seine Bedürfnisse,
seinen Körper, seine Psyche und sein Verhalten.
Haltung

BEVOR wir irgendein Training mit unserem Pferd im Sinn haben, sollten wir unbedingt über die Haltung der Pferde nachdenken. Die Haltung bestimmt die Gesundheit unserer Pferde und damit ihr Verhalten, ihren emotionalen und psychischen Zustand. Und sie bestimmt unser Training. Ich erinnere mich an die Zeiten, als ich mein Pferd in einem typischen Stall hatte: Box mit kleinem Paddock in der Nacht und Koppel am Tag – das aber im Sommer. Wer sein Pferd im Winter im kleinen Außenpaddock haben wollte, der musste schon selbst kommen und sich darum kümmern. Mir war das unverständlich, denn es erschien mir doch klar, dass die Pferde auch im Winter draußen sein MÜSSEN, je länger, desto besser! Also fragte ich nach, wieso nicht ein Stück Wiese für die Pferde im Winter freigegeben wird. Die Antwort war: »Die stehen doch auch bloß draußen herum.«

Halten wir hier für einen Moment inne.

Wenn wir im Winter (und auch im Sommer größtenteils) an den Wiesen oder Koppeln vorbeifahren und dort sind glücklicherweise Pferde zu finden, sehen wir

DENKE ICH: *Es sind nur Tiere? Was bewirke ich, wenn ich so etwas denke?*

in der Tat, dass sie meist nur herumstehen, richtig? Warum stehen sie denn einfach nur »herum«? Stellen wir uns diese Frage überhaupt oder ist es für uns ein ganz normales Bild? Wenn ich zu den Menschen gehören würde, die dies für normal halten, dann wäre das Anschauen eines guten Dokumentarfilms über die Wildpferde empfehlenswert. Die beste Dokumentation darüber ist der Dreiteiler über Cloud von Ginger Kathrens. In diesem wunderbaren Dokumentarfilm kann man so viel über Pferde erfahren, über ihre Sozialstrukturen, über ihr Verhalten, ihren Fress- und Bewegungsrhythmus, über gesunde Pferdekörper und so manches mehr. Wenn ich mir den Film anschaue über die Perspektive, wie Pferde nach der Natur leben SOLLEN, um gesund zu bleiben, dann werde ich begreifen, dass die meisten unserer domestizierten Pferde krank sind.

Also warum bewegen sich die Pferde, die wir sehen, im Winter im Außenpaddock meist nicht?

Foto: *Kein Platz zum Bewegen, die Pferde stehen herum.*

Weil der Platz zu klein ist! Der Platz, den wir ihnen zur Verfügung stellen (wenn sie überhaupt das Glück haben, aus einer Box herauszukommen), ist erbärmlich klein.

Pferde sind unheimlich intelligent und wissen, dass sie gefangen sind. Und sie wissen, dass es auf einer Wiese, die man überblicken kann, nichts zu entdecken gibt. Pferde BRAUCHEN den Platz zum Wandern, damit sie gesund bleiben können. Nur weil das Pferd sich bewegen kann, nicht lahmt, keine Kolik hat und dem ANSCHEIN nach gesund aussieht, glauben viele Pferdebesitzer, dass es auch gesund ist. Dem ist leider in den seltensten Fällen so.

Man sollte die Gelegenheit bekommen, die Pferde auf einer größeren Fläche zu beobachten: Sie stehen ganz selten und sind im Gegenteil sehr viel in Bewegung.

Was sind die Resultate einer solchen unnatürlichen Haltung? Das Pferd bewegt sich nicht oder kaum, der Mensch ist gestresst, weil er die Notwendigkeit sieht, das Pferd zu bewegen, damit es nicht dick wird oder weil es einfach die Bewegung braucht. Die Pferde haben meist körperliche Beschwerden oder entwickeln diese im Laufe der Jahre. Sie sind fast immer beschlagen, weil sich ihre Hufe nicht an die verschiedenen Böden gewöhnen können, und gehen dadurch auf Schotter oder steinigen Wegen sehr fühlig. Wegen falscher Hufpflege oder dem Beschlag entwickeln sich weitere gesundheitliche Beeinträchtigungen. Es ist ein Teufelskreis.

Man kann ein Pferd nicht gesund erhalten und auch kein Training (auf der Basis des freien Willens) mit ihm beginnen, solange die Haltung nicht stimmt. Wenn man den Weg des freien Willens bei dem Pferd und dem Menschen entwickelt und geht, wird man dieses sofort verstehen. Durch die internationale Arbeit mit Pferden kenne ich verschiedene Arten der Haltung. Was für einen absolut normal ist, ist für den anderen ein Traum. Man wird oft hören, dass es nun einmal keinen Offenstall in der Nähe gibt, wo man einen Hektar Platz pro Pferd anbieten kann. (Das ist der Standard, den wir in der Academia praktizieren, und ich kann versichern, dass wir uns sehr viele Gedanken darüber gemacht haben, um herauszufinden, was ein KOMPROMISS zwischen den Bedürfnissen der Pferde und den Möglichkeiten des Menschen wäre.) In Deutschland habe ich das nirgends gesehen, ebenso nicht in der Schweiz und in Österreich. Aber beispielsweise ist das in Ungarn anzutreffen, in Lettland, in Polen und in Amerika. Der Mensch, der seine Pferde gesund erhalten möchte, braucht diesen Platz.

Also keine Pferde halten, wenn nicht genügend Platz vorhanden ist?

Ich habe lange über diese Frage nachgedacht. Was ist mit uns allen, die die Pferde so unheimlich lieben und sie gar zum Leben brauchen? Sollen wir auf die Pferde verzichten? Nun, wenn wir das wirklich genau nehmen, dann müssen wir uns Folgendes fragen:

In der Natur grasen die Pferde bis zu 19 Stunden am Tag. Der Speichel, den sie dabei produzieren, beeinflusst den Säurehaushalt ihres Magens. Wenn nicht genügend Speichel produziert wird, besteht große Gefahr, dass Magengeschwüre entstehen.

Ist es richtig, dass ich ein Tier, das ich zu lieben behaupte, nicht nur gefangen halte, sondern auch seine Gesundheit vorsätzlich schädige, nur damit dieses Tier mir zur Verfügung steht? Ist das richtig? Kann ich mich dabei überhaupt noch gut fühlen? Wie kann man ein Tier halten, ohne ihm die Möglichkeit eines artgerechten Lebens einzuräumen?

Aber vielleicht muss ich gar nicht auf mein Pferd verzichten. Je mehr Menschen über die richtige Haltung für Pferde aufgeklärt werden, umso mehr werden auch nach so einer Haltung fragen! Die Nachfrage bestimmt das Angebot! Und jede/r von uns kann dazu etwas beitragen. Es sollte so sein, dass durch unsere Nachfrage die Offenställe nur so blühen und dass die Stallbesitzer in einen Wettbewerb eintreten, wer mehr Platz für die Pferde anbieten kann.

Ich bin mir durchaus bewusst, dass so viele Pferde unnatürlich in Boxen gehalten werden, »Sport«-Pferde zum Beispiel. Es gibt keine Worte, das Elend dieser Pferde zu beschreiben. Eingesperrt in einer Box, ohne je eine Herde zu haben, ohne je auf der Wiese zu toben, nur herauszukommen, um im »Training« gequält zu werden, ist eine barbarische Handlung gegenüber diesem Tier. Wie kann es sein, dass wir solche Quälereien immer noch erlauben? Diese Tiere sind typische Herdentiere mit großem Platzanspruch und Bewegungsdrang – und ihre Familie gibt ihnen Sicherheit. Jeden Tag erleben sie ein Trauma, wenn sie von der Herde getrennt werden und in eine Einzelbox müssen. Ein Pferd ist kein Höhlentier, es braucht Platz um sich herum, damit es sich sicher fühlen kann. Wenn Pferde Gefahr wittern oder sie etwas beunruhigt, dann werden wir nie erleben, dass sich die Herde in einer Höhle versteckt. Sie suchen die Weite, damit sie Überblick haben, um rechtzeitig fliehen zu können. Ein Pferd in einem geschlossenen Gebäude, aus dem es nicht mehr heraus kann, zu halten, bedeutet, seine Natur zu »vergewaltigen«. Es bedeutet ständigen Stress, bis es sich daran gewöhnt – und abstumpft. Wenn man uns auf einer kleinen Toilette einsperren würde (und damit kommen wir zu den Größenverhältnissen, die mit dem Pferd in der Box vergleichbar sind), dann würden wir uns auch irgendwann daran gewöhnen. Unser Überlebensinstinkt würde uns helfen, damit wir uns daran gewöhnen. Aber wir wären keine Menschen mehr: Unsere Natur wäre uns gewaltsam verweigert worden. Pferde sprechen so deutlich, dass man sich fragen muss, warum die Menschen das nicht sehen? Warum wird das als Unart abgetan, wenn ein Pferd überdeutlich – schon fast hysterisch – versucht zu kommunizieren, dass es nicht von der Herde entfernt sein möchte? Das ist für die Pferde ein Grundbedürfnis!

Ist der Mensch ein so hohes Wesen, dass er die anderen Lebewesen unterwerfen und ihre Bedürfnisse mit Füssen treten soll, nur um eigene Wünsche, Ziele oder was auch immer durchzusetzen? Warum wird der freie Wille des geliebten Pferdes nicht respektiert? Warum stellt sich der Mensch über andere Wesen, liebe Leser?

Es ist an uns, das zu ändern und diese Welt ein Stück besser zu hinterlassen, als wir sie vorgefunden haben. Wir können keinen Anspruch auf freien Willen erheben, solange wir das Gleiche nicht gewähren.

Ich bin mir auch durchaus bewusst, dass bei uns in Deutschland noch vor einem oder zwei Jahren die Haltung der Pferde in Ständern erlaubt war! Es ist unvorstellbar, dass wir in manchen Sachen immer noch so rückständig sind. Ich erinnere mich an ein Erlebnis mit »meinen« zwei Mädchen, als sie mit mir einmal einen typischen großen Reitstall besuchten, in dem etwa hundert Pferde standen, unter anderem auch kleine Ponys. Sie wurden für die Kinder, die eventuell zum Reiten kommen, schon vorher in der Frühe »vorbereitet«. Aufgesattelt und mit den Trensen im Maul standen sie dann angebunden in den Ständern und warteten auf potenzielle »Kunden«. Es war einfach schrecklich, diese armen Tiere in diesem Zustand zu sehen! Sie konnten sich nicht hinlegen und aufgrund des bereits angezogenen Sattelgurts nicht atmen.

Grauen – mitten in Deutschland!

Wir schauten uns um, es war gerade niemand da. Also machten sich die Mädchen daran und befreiten alle Ponys von den Sätteln. Ich passte auf, war bereit, ein Gespräch anzufangen, falls jemand vorbeikommen würde. Leider konnten wir sie nicht von den Gebissen befreien, denn sie waren damit angebunden.

Was ist das für eine Gesellschaft, in der wir leben?

Was sind das für Menschen, die ihre Kinder dorthin zum Reiten bringen?

Diese Menschen spüren die Tiere nicht, sie betrachten sie nur als Objekte, die man nach Lust und Laune benutzen darf. Und was lernen ihre Kinder?

Sie lernen genauso zu fühlen und zu leben wie ihre Eltern – weit entfernt von der Natur, vom Respekt gegenüber einem Lebewesen und weit entfernt vom Leben.

Es gibt wirklich noch schlimme Haltungsbedingungen, so wie diese hier in Ständern, die jedoch glücklicherweise bereits in den meisten deutschen Bundesländern verboten ist. Leider darf man nicht glauben, dass diese Haltung komplett verschwunden ist; es gibt immer noch Ställe, in welchen die Pferde so gehalten werden.

Wie viel Wissen über das Leben der Pferde habe ich SELBST sammeln können? Welche verschiedenen Haltungsformen könnte ich bisher ERLEBEN?

Boxenhaltung (hinter Gittern):

Offenstall:

Aktivstall:

Und etwas, was einer artgerechten Haltung nahekommt:

Einmal habe ich mich sehr gefreut. In Ungarn ist der Glaube, dass die Pferde im Winter frieren und in den Stall gehören, sehr verbreitet. Mein Nachbar hatte seine zwei Pferde das ganze Jahr über draußen auf etwa zwei Hektar Wiese, aber im Winter eben im Stall. Ich habe ihn überzeugen können, seine beiden mit meinen Pferden den ganzen Winter draußen zu lassen. Die Pferde hatten natürlich einen Offenstall, sogar zwei zur Verfügung. Diese haben sie ausgiebig im Sommer tagsüber bei 30 bis 40 Grad Celsius als Schutz vor Fliegen und Sonne genutzt, aber im Winter haben sie den Offenstall so gut wie nie betreten. Auch bei –20 Grad Celsius hielten sie sich viel lieber draußen auf. Mein Pferd blieb sogar in Deutschland freiwillig mit anderen Pferden bei bis zu –30 Grad Celsius am liebsten draußen.

Sogar Araber (Menschen haben komischerweise Bedenken, dass Araber kälteempfindlich sind) haben – wie auch jedes andere GESUNDE Pferd – keine Probleme, sich klimatischen Veränderungen anzupassen. Pferde können viel besser mit Kälte umgehen als mit Hitze.

Also komme ich zurück zur Geschichte mit meinem Nachbarn. Eines Tages, als er die Heuballen gebracht hat, war es mit –10 Grad Celsius außergewöhnlich kalt am Tag. Alles war gefroren und es gab in dem Jahr außergewöhnlich viel Schnee. Er ging in die Ställe und schaute sich um, dann sagte er zu mir: »Ich nicht verstehen kann, Pferde draußen und so kalt! Pferde nicht sein möchten in Stall und nicht in Stall gehen. So kalt, ich verstehe nicht.«

Manchmal denken wir Tierschützer, um mich da einzureihen, wie auch alle diese Menschen, die sich für das Wohl einer oder mehrerer Tierarten einsetzen, dass andere Menschen den Tieren Schaden zufügen, weil sie nicht verstehen wollen. Ich weiß nicht, ob mein Nachbar nur aufgrund eines gelesenen Artikels oder eines Hinweises von mir seine Pferde draußen gelassen hätte oder wenn ihm das jemand einfach so gesagt hätte. Aber dieses nahe MITERLEBEN hat ganz sicher sein Verständnis für die Bedürfnisse der Pferde zu deren Wohl verändert.

Genauso wie auch das Füttern von Heu *ad libitum*, was er am Anfang ebenso wenig verstanden hatte. Ich habe sehr oft die Erfahrung gemacht, dass viele oder gar alle Stallbesitzer am Futter für die Pferde sparten. Sie haben bestimmte Zeiten gehabt, in denen sie den Pferden etwas zum Fressen gaben, und danach waren die Pferde manchmal stundenlang ganz ohne Futter. In so einem typischen Stall steht den Pferden die Nacht über kein Futter zur Verfügung. Da in der Regel abends um 17 oder 18 Uhr gefüttert wird, die Pferde bestenfalls eine bis zwei Stunden mit Raufutter versorgt sind und die nächste Ration erst morgens um etwa sieben Uhr gefüttert wird, ergibt sich ein Zeitraum von gut zehn Stunden, den das Pferd ohne Futter auskommen muss.

Für Pferde ist diese Einteilung sehr schädlich, da sich dadurch Koliken und Magengeschwüre entwickeln können (und zwangsläufig tun). Das Pferd hat seinen eigenen Fressrhythmus und dieser darf nicht vom Menschen bestimmt oder beeinflusst werden, wenn man dieses Tier gesund wissen möchte.

Hierfür könnte ich noch eine wissenschaftliche Untersuchung anbringen, wie viel Säure so ein Pferdemagen produziert und so weiter, aber ich halte das für überflüssig. Wenn der/die Leser/in jemals Wildpferde beobachtet hat, dann weiß er/sie, dass sich die Pferde über den größten Teil des Tages und nachts langsam bewegen und grasen. Daraus ist nicht schwer zu schließen, dass die Pferde eben kontinuierlich etwas zum Fressen brauchen.

Ja, aber was ist mit den domestizierten Pferden, wird mancher vielleicht fragen? »Mein Pferd ist eh zu dick. Wenn ich ihm noch das Heu *ad libitum* zur Verfügung stelle, dann wird es noch dicker.«

Nein, das ist nicht wahr!

Es ist mir ein besonderes Anliegen, diesen Irrglauben aufzuklären. Die Pferde tun NICHTS, rein gar nichts ohne einen guten Grund. Wenn dein Pferd nicht aufhört zu fressen, dann braucht es die Nahrung in dem gegebenen Moment ganz sicher. Wir haben hier verschiedene Pferde und Szenarien:

1. Wenn das Pferd bis dato in seinem Fressverhalten gestört war und nur limitiertes Heu/Gras zur Verfügung bekommen hat, dann wird das Pferd, nachdem man ihm natürliche Gegebenheiten ermöglicht hat, zunächst einmal nonstop fressen. Es passieren in dem Moment ganz wichtige Regulationsprozesse in seinem Körper und diese dürfen nicht wieder gestört werden, indem der Mensch eventuell erschrickt, weil das Pferd so viel frisst, und womöglich auf die Idee kommt, das Futter wieder zu kürzen. Auch psychisch passieren hier ganz wichtige Veränderungen: Es entwickelt sich die Sicherheit, dass immer genügend Nahrung vorhanden sein wird. Nach einer gewissen Zeit wird das Pferd seinen natürlichen Fressrhythmus finden und damit aufhören, nonstop Nahrung zu sich zu nehmen. Auch sein Körper wird sich verändern, sobald die Zellen lernen, dass sie genug Nährstoffe bekommen. Der metabolische Prozess reguliert sich und das Pferd wird schlanker.

2. Wie schlank – da sind wir bei einem weiteren Punkt der Ernährung – das hängt vom Typ des Pferdes und von der Jahreszeit ab. Vor dem Winter ist es ein natür-

Tipp: Durch das Erleben und Verbreiten von Wissen können sehr viele Fehler vermieden werden. Die Organisation eines Infoabends im Stall verlangt nicht viel Aufwand und bringt sehr viel Nutzen für Pferde und Reiter.

licher Prozess, dass alle Lebewesen eine kleine Fettschicht anlegen, welche sie vor der Kälte schützt. Im Winter habe ich teilweise meinen vier Pferden 200 Kilogramm Luzernenheu am Tag zur Verfügung gestellt. Und sie haben fast alles gefressen! Da kann man über so manche Empfehlung von zehn Kilogramm Heu am Tag nur müde lächeln. Und dann habe ich noch dazu täglich drei bis vier Kilogramm Äpfel, zwei bis drei Kilogramm Karotten und drei bis vier Kilogramm Hafer gegeben. Pro Tag und für jedes Pferd!

Am besten ist es, wenn du deinen Pferden einfach Heu zur Verfügung stellst, so viel sie fressen möchten, dann siehst du das alles selbst. Dabei war keines der Pferde dick! Ganz im Gegenteil: Zwei haben sogar ihr Gewicht reguliert, von dick zu normal. Aber sie hatten eine gute artgerechte Haltung mit vier Stuten auf acht Hektar Wiese und Wald. Dann bewegt sich die Herde auch viel, was die richtigen Muskeln aufbaut und nicht durch schmerzhaftes Longieren oder Ähnliches künstlich aufpumpt.

Es ist empfehlenswert, den Pferden nur solches Futter zu geben, welches sie in der Natur auch finden und fressen. Also Gras und Heu so viel sie möchten und keine verarbeitete Nahrung, keine Pellets, kein Müsli, keine chemischen Lecksteine mit zusammengemischten Mineralen – nichts dergleichen.

Wir geben unseren Pferden jeden Tag als Faustregel 200 Gramm ungequetschten Hafer pro 100 Kilogramm Gewicht (damit sie beim Kauen genug Speichel produzieren können und weil in der Natur keiner für die Pferde den Hafer oder andere Samen quetschen würde). Also wenn Dein Pferd 500 Kilogramm wiegt, dann bekommt es am besten ein Kilogramm ganzen Hafer täglich. Wenn man sieht, dass das Pferd im Kot die Körner wieder komplett ausscheidet (wirklich sehr genau schauen, manchmal erscheinen sie ganz, aber es ist doch nur die leere Hülle), dann können Zahn- und Verdauungsprobleme vorliegen. Die Zähne bitte beim Spezialisten kontrollieren lassen. Ansonsten einfach den Hafer ein paar Stunden vor dem Füttern in Wasser einweichen, dadurch ist er leichter zu kauen und wird besser verdaulich. (Manche Pferde kauen in ihrer Hektik nicht gründlich, damit sie noch bei anderen Pferden mitfressen können oder aus Angst, dass ein anderes ranghöheres Pferd sie vertreibt.) Ich würde empfehlen, das Pferd für die Haferfütterung zu separieren, damit es ganz in Ruhe und ohne Hast fressen und gründlich kauen kann.

Ein ganz wichtiger Punkt ist, den Pferden die Minerale zur freien Verfügung zu stellen. Aber bitte nur pure Minerale, wie sie in der Natur vorkommen, keine

Mischungen und schon gar nicht solche Mischungen in Lecksteinen. Erstens enthalten sie keine natürlichen Minerale und zweitens sind sie mit süßen Stoffen angereichert, um die Pferde zum Fressen zu verführen. Es sind einfach sehr viele verschiedene Minerale zusammengemischt, welche das Pferd gar nicht braucht und in der Natur so nie aufnehmen würde. Wenn du in deinem Stall solche Mineralkübel oder Halterungen einrichtest und in jedem ein anderes Mineral anbietest, dann wirst du beobachten können, dass die Pferde jeweils zu verschiedenen Jahreszeiten andere Minerale und andere Mengen davon zu sich nehmen. Es wird auch von Pferd zu Pferd variieren. Normalerweise regulieren die Pferde damit selbst auch Wurmbefall. Das heißt, es gibt keine Notwendigkeit mehr, das Pferd zu entwurmen und schon gar nicht mit chemischen Entwurmungsmitteln. Sogar als meine Stute in einem »normalen« Offenstall mit nicht so großer Fläche stand (wir empfehlen einen Hektar Platz pro Pferd, damit man den Tieren wenigstens etwas Natürliches bietet), musste ich sie dort nie entwurmen. Ich habe ihren Kot regelmäßig kontrollieren lassen und zwar auf die so präzise wie mögliche Zahl aller Würmer (Eier) – nicht nur mit dem regulären Test – und es war immer in Ordnung. Einmal im Frühjahr hatte sie angestiegene Werte, die an der Grenze waren oder schon leicht darüber, aber schon beim nächsten Mal hatten sie sich wieder reguliert. Generell ist zu beobachten, dass die Pferde im Frühjahr und Herbst einen leichten Anstieg des Wurmbefalls haben, aber genauso reguliert sich das wieder von selbst, wenn man den Pferden die Minerale in dieser Form vorsetzt.

Obst und Gemüse kann man dem Pferd anbieten wie man möchte. Sie fressen – was für manchen Pferdehalter eine Überraschung sein wird – so ziemlich alles. Von mir bekommen sie: Orangen, Orangenschalen (unbehandelt), Bananen, Kiwi, Mango, Kokosnuss, Erdbeeren, Äpfel, Birnen, Wassermelonen, Honigmelonen, Mandarinen, Grapefruit, Quitten, Zitronen et cetera – einfach alles, was ich an Früchten auch esse. Ein besonderer Leckerbissen für die Pferde (und auch für die Menschen) sind Maulbeeren. Pferde werden nach den letzten Maulbeeren unter den Bäumen suchen. Genauso verhält sich das mit Gemüse: Kohl, Kraut, Karotten, Zwiebeln, Paprika, Salate, Zucchini, Gurken und so weiter Manche Pferde werden einiges davon mögen, anderes wiederum nicht. Versuch es einfach. Das, was sie dann nehmen, das brauchen sie in dem Moment.

Auf den Spaziergängen ist es ratsam, das Pferd auf verschiedenes Gelände zu führen. Mal in den Wald hinein, mal an einem Bach entlang, mal auf die Wiese mit anderen Gräsern. Das Pferd in unserer Haltung bekommt nicht mal einen Bruchteil

der Nährstoffe, die es frei in der Natur finden würde. Auf diesen Ausflügen kann man sehr viel über sein Fressverhalten lernen. Ich war nicht nur einmal erstaunt zu sehen, was sie tatsächlich alles fressen und wie sie nach Mineralen im Boden suchen. Man lernt von den Pferden sehr viel, denn man entwickelt sehr schnell das Gefühl, wo sich diese Minerale üblicherweise befinden.

Im traditionellen Verstehen der richtigen Pferdeernährung oder Haltung gibt es genauso viele Irrtümer wie auch im gesamten vermittelten Umgang mit Pferden. Wenn man sich mit vollem, reinem Herzen den Pferden widmet, ohne das Bedürfnis zu haben, Unzulänglichkeiten des eigenen Lebens mit ihnen zu kompensieren (geschweige denn, so ein Lebewesen zum Beispiel als Sportgerät zu benutzen), dann wird man sie alle entdecken und verstehen.

Fotos: *Himbeeren, Mariendistel, Maulbeeren, Winterbeeren, Blätter und vieles mehr fressen die Pferde, wenn sie dazu Gelegenheit bekommen. Ihre Nahrung ist ihre Medizin, sie müssen sie frei wählen dürfen.*

Man kann sie einfach nicht übersehen, sobald eigenes Wissen und Erfahrung erweitert werden. Das Pferd sagt einem alles, wenn man bereit ist zu hören und nicht einfach den Anweisungen von jemand anderem folgt. Aus dem Grund ermutige ich Menschen dazu, eigene Erfahrungen zu sammeln. Man bedarf bestimmter Grundlinien und ich versuche, sie hier für das Wohl der Pferde und ihrer Menschen zu vermitteln. Aber wenn man diese gesunde Basis hergestellt hat, dann sollte man sich mit seinem eigenen Pferd weiterentwickeln und gemeinsam experimentieren.

Erleben.

Ich glaube, wenn man diesen Weg geht, anfängt mit eigenem Denken und sich intensiv mit einem Tier beschäftigt, dann entwickelt man automatisch auch Zugang zu seinem inneren Selbst. Ich bin der Meinung, nur so kann man die Natur und damit auch das eigene Wesen, die eigene Natur überhaupt verstehen. Das eröffnet einem eine vollkommen andere Sicht jenseits von oberflächlichem Selbstverständnis, mit welchem wir Tag für Tag leben. Ich erinnere mich an das Buch von Sadko Solinski, in dem er über die Haltung von Pferden geschrieben hat. Ich war noch Reiterin zu dieser Zeit, aber ich konnte ihm bei fast jedem Satz innerlich nur zustimmen. In Anlehnung an seine Zeilen möchte ich etwas zur Haltung schreiben.

Das Domestizieren macht das Pferd seinem ursprünglichen Lebensraum, der Steppe, und seiner Lebensart gegenüber lebensunfähig. Es ist nur für den Menschen von Vorteil, denn es macht die Pferde umgänglicher, leichter zu halten, zu reiten und einzuspannen und damit leichter zu benutzen. Und das wollten die Menschen seit jeher: Das Pferd sollte möglichst viel leisten, ohne große Ansprüche an seine Haltung zu stellen, und möglichst wenig Kosten und Aufwand produzieren. Die Pferdehaltung in den Ställen ist ein ganz normaler Zustand für uns. Aber fragen wir uns doch, warum halten wir unsere Tiere in Ställen?

Weil es für uns sicherer, bequemer und billiger ist! Es gibt keinen anderen Grund und keiner dieser Gründe berücksichtigt die Bedürfnisse des Pferdes. Die Pferde brauchen keinen Stall, wir brauchen ihn. Noch schlimmer als das: Wir machen unsere Pferde krank. Viele Erkältungen und Entzündungen sind auf warme Ställe und Bedeckungen zurückzuführen. Wir decken unsere Pferde ein, damit sie kein Winterfell bekommen, jedoch brauchen sie dies zum Schutz. Und so trifft man auf eingedeckte Haflinger mitten in Allgäu …

Zum Thema Eindecken sollte ich vielleicht ein paar Sätze mehr schreiben, damit verständlich wird, was wir damit anrichten.

Warum decken wir die Pferde überhaupt ein?

Als Begründung dafür wird von den Reitern oft der Schutz vor Kälte angegeben. Ich habe in diesem Kapitel die Geschichte mit dem ungarischen Bauern erzählt und erwähnt, dass die Pferde mit Kälte viel besser zurechtkommen als mit Wärme. Das Pferd ist ein Steppentier, wo es keine Bäume als Schutz gegen Nässe oder Wind gibt. Dadurch konnte es alle Fähigkeiten entwickeln, die es zu einem unglaublich witterungsfesten Tier gemacht haben. Das Pferd kann ohne Probleme Temperaturschwankungen von 30 Grad Celsius aushalten, da ist es egal, ob Regenstürme oder eisigkalte Schneestürme kommen – das Pferd wird keine Schwierigkeiten mit seiner Thermoregulation bekommen. Aber NUR, wenn man dem Pferd die Gelegenheit gibt, artgerecht zu leben, und das schließt das Eindecken aus. Für die Thermoregulation haben wir zwei wichtige Dinge, die gesund bleiben müssen, um ihre Funktion zu erfüllen: die Haut und das Fell.

Die Haut ist das größte Organ und die erste Immunbarriere.

»Eine wärmeregulierende Wirkung der Haut ergibt sich vorwiegend durch eine erhöhte oder verminderte Hautdurchblutungsrate und durch die bei einigen Pferderassen domestikationsbedingte starke Wasserabgabe über das Sekret der apokrinen Hautdrüsen mit dem entsprechenden Kühlungseffekt« (Wissdorf, Gerhards, Huskamp, Deegen, 2002).

Als Temperaturregelung erfolgt die Wärmeabgabe durch Strahlung und Verdunstung. Pferde schwitzen, wenn ihnen warm ist, sie Schmerzen haben (Kolik), sich anstrengen oder zum Beispiel in Stresssituationen (im Hänger, Turnier). Durch die Weit- oder Engstellung der Blutgefäße kann die Haut auf Hitze oder Kälte ausgleichend reagieren. Die Haut ist ein sehr wichtiges Organ für den Stoffaustausch, denn Stoffwechselprodukte werden mit dem Schweiß abgegeben. Das ist insbesondere wichtig, wenn andere Ausscheidungsorgane (wie zum Beispiel der Huf bei der falschen Hufpflege, worauf ich an späterer Stelle noch eingehen werde) überfordert sind. Außerdem werden wichtige Substanzen über die Haut aufgenommen beziehungsweise in der Haut gebildet (zum Beispiel Vitamin D). Aus allen diesen Gründen ist die Haut ein sehr wichtiges Organ und durch das Eindecken ist es in seiner Funktion stark beeinträchtigt. Es kann sogar so weit gehen, dass es zu ernsthaften metabolischen Problemen kommt, denn die Haut kann ihre Funktion als Immunorgan nicht mehr uneingeschränkt erfüllen.

Das Fell stellt einen weiteren Schutzmechanismus dar und ist sehr wichtig für die Thermoregulation im Pferdekörper. Im Winter bekommen die Pferde ein dichtes Unterfell. Deckhaar, Mähnen, Schweifhaare und Kötenbehang schützen die empfindlichen Körperregionen und leiten das Wasser ab. Die Natur hat das Pferd bestens ausgestattet – so zerstört jede Einwirkung des Menschen nur diese Perfektion und macht das Pferd anfällig für Krankheiten. Die Talgdrüsen versorgen Haut und Haar mit dem nötigen Fettschutzfilm, das Wasser perlt ab und sogar bei schlimmstem Regen bleibt das Unterfell trocken. Dies ist aber nicht möglich, wenn das Pferd eingedeckt oder täglich dieses Fett herausgestriegelt wird. Wie die Wärmeerzeugung im Pferdekörper funktioniert und welche Voraussetzungen dafür erfüllt werden müssen, werde ich später erklären.

Das Pferd verfügt über den perfekten Kälteschutz: Die Blutgefäße werden verengt, die Haare aufgerichtet, damit sie Luft speichern können, und schon ist das Pferd vor der Kälte »isoliert«. Und jetzt etwas besonders Wichtiges, das den Schaden durch das Eindecken verständlich macht: »Jeder Haarfollikel hat einen kräftigen Haarbalgmuskel, *M. arrector pilli*, aus glatter Muskulatur, der in der Schwanzwurzel sogar Längen von zwei Millimetern erreichen kann. Er ist beim Pferd über kräftige elastische Fasern mit der Basalmembran der Epidermis verbunden und zieht dann ohne weitere bindegewebige Kontakte an der Haarfollikel, wo er distal der Talgdrüsen ebenfalls elastisch verankert ist. Der Haarbalgmuskel dient im Besonderen im Winter der Aufrechtstellung der Primärhaarfollikel zur Verbesserung der Isolationswirkung des Felles« (Wissdorf, Gerhards, Huskamp, Deegen, 2002).

Indem man das Pferd eindeckt, schwächt man diese Muskeln und sie atrophieren – damit wird der gesamte Thermoregulationsmechanismus des Pferdekörpers zerstört. Außerdem begünstigen das Eindecken und die Haltung in Ställen die Vermehrung von Mikroorganismen, wie zum Beispiel Bakterien und Pilze, denn es fehlt an frischer Luft (die Pferde sind dazu gemacht, IMMER im Freien zu leben) und die Hautoberfläche wird relativ feucht gehalten. Die Funktionsbereitschaft der Haut wird nachhaltig geschädigt (zum Beispiel schlechtere Wundheilung durch die nicht vollständige Funktion der Basalzellschicht).

Ein weiterer Grund, den Reiter für das Eindecken angeben, ist das Training. Das Pferd sollte möglichst kein Winterfell bekommen, damit der Mensch das Pferd besser benutzen kann. Bedarf dies wirklich eines Kommentars über das Unethische eines solchen Verhaltens?

Ich hoffe sehr, dass Menschen, wenn sie über diese Schäden, welche durch das Eindecken entstehen, aufgeklärt werden, nicht mehr ihren Wünschen Vorrang vor der Gesundheit ihres Pferdes geben!

Wenn man aber sieht, dass das Pferd friert (Krankheitsfall, Alter, unnatürliche Haltung – wenig Bewegung und so weiter), dann sollte man das Pferd stundenweise eindecken. Dann kann es immer noch draußen mit der Herde sein, muss nicht frieren, aber bekommt die Gelegenheit, wieder zu gesunden.

In diesem Zusammenhang möchte ich gerne auch kurz das Entfernen der Tasthaare erwähnen. In manchen Pferdekreisen gilt es als fragwürdiges »Schönheitsideal«, dem Pferd diese so wichtigen Haare zu entfernen. Vielleicht sind sich diese Menschen nicht bewusst, dass diese Sinushaare für die Mechanorezeption unabdingbar sind? Mechanorezeption ist ein sehr wichtiger Prozess, indem mechanische Reize aus der Umwelt an die dementsprechenden Rezeptoren geleitet werden, von diesen in elektrische Signale umgewandelt und dann an das Gehirn weitergeleitet werden. Damit sind die Tasthaare lebenswichtig für die Wahrnehmung. Die Sinushaare zu entfernen kommt dem gleich, wenn man uns ein Sinnesorgan entfernen würde!

Wenn man Pferde in der Natur beobachtet, dann wird man verschiedene Situationen sehen, wie die Thermoregulation funktioniert. Wir werden sehen, dass die Pferde nach kalten Nächten sonnige Plätze zum Liegen bevorzugen und sich so hinlegen, dass sie so viel Sonne wie möglich abbekommen. Bei schlechtem oder regnerischem Wetter liegen die Pferde so gut wie nie. Bei starkem Regen richten Pferde ihre Kruppe gegen den Wind, ihr Schweif schützt die empfindlichen Stellen, das Wasser perlt ab, Köpf und Ohren sind geschützt. Bei leichtem Regen werden sie oft auch mit dem Kopf gegen den Wind grasen. Bei Kälte stehen sie näher beieinander oder rücken gar dicht zusammen. Im Sommer halten sie sich mit dem wedelnden Schweif den Kopf von Fliegen frei.

Im Hinblick auf die Anpassung an die Kälte und sehr wichtig für eine funktionierende Thermoregulation ist das Anfüttern einer Fettschicht vor dem Winter. Ich habe schon die Wichtigkeit des eigenen, vom Menschen nicht beeinflussten Fressrhythmus erwähnt, damit diese wichtigen Vorgänge im Pferdekörper ablaufen können. Die physiologische Thermoregulation benötigt einen gewissen Energieaufwand, sodass es sehr wichtig ist, die Pferde so viel fressen zu lassen, wie sie möchten, um Energie zu gewinnen und daraus Wärme zu produzieren. Pferde brauchen weniger Energie, um die Körpertemperatur konstant zu halten. Der Wärmehaushalt wird in diesem Bereich also nicht über Variationen im Energiestoffwechsel reguliert. Aber wenn die Außentemperatur unter einen kritischen Minimalwert sinkt oder über einen kritischen Maximalwert ansteigt, so ist mehr Energie nötig, um die Körpertemperatur aufrechtzuerhalten, und die Metabolismusrate steigt an. Der Mensch kann nicht wissen, wann das ist und wie lange diese kritische Phase andauert. Das spürt nur das Pferd allein. Ich hoffe, dass dies verdeutlicht, wie wichtig es ist, dass wir so wenig Einfluss wie möglich auf das Leben unserer Pferde nehmen. Ein Pferd kann 60 Jahre und älter werden, wie alt werden unsere domestizierten Pferde? Wenn sie über 20 sind, dann gelten sie schon als alt.

Also was passiert eigentlich um uns herum, was sehen wir? Wir entstellen diese wunderbaren Tiere, pflegen sie zu Tode, schneiden ihren Kötenbehang, der die Fesselbeugen vor Nässe schützt, und ihre Mähne, die das Tier zum Schutz braucht, schmirgeln mit der Kardätsche das natürliche Fett von der Pferdehaut, welches das Tier gegen Unterkühlung schützt, befreien die Hufe von Lehm, der das beste Hufpflegemittel ist, zerstören die Thermoregulation der Haut mit Eindecken und wenn das nicht klappt, scheren wir das Fell … Wir missbrauchen sie und machen unsere Pferde krank! Wir müssen uns endlich ins Bewusstsein rufen, dass kein Aufwand, auch keine besondere Sauberkeit und Heu bis zu den Knien einem Boxenpferd jemals die Weide ersetzen werden! Nur dort kann es gesund bleiben und Pferd sein. Denn Pferde haben Ansprüche und Bedürfnisse, die wir mit Füßen treten.

Damit ein Pferd ein artgerechtes Leben führen kann, muss es sich im wahrsten Sinne des Wortes als Pferd fühlen können. Das Pferd muss draußen auf der Weide im Herdenverband geboren werden und aufwachsen. Es sollte von der Leitstute und dem Leithengst erzogen werden, mit seinen Kameraden spielen und toben, Scheinkämpfe und Rennen veranstalten, seinen Platz erkämpfen und halten. Es ist ein natürliches Bedürfnis für ein junges Pferd, um seelisch und physisch gesund aufzuwachsen. Warum wird das nicht respektiert? Warum werden die Fohlen vom ersten Tag an ihrer Rechte beraubt? Warum werden sie in der Regel mit sechs Monaten von der Mutter getrennt?

Foto: *Fohlenspiele, gegenseitige Fellpflege wie auch andere Aktivitäten unter Gleichaltrigen sind sehr wichtig für die gesunde Entwicklung des jungen Pferdes.*

Die wichtigste Voraussetzung für die artgerechte Pferdehaltung ist Herdenhaltung unter einem guten Hengst und einer guten Leitstute (das ist so, wie es die Natur eingerichtet hat, auch wenn das um uns herum so gut wie nirgends zu sehen ist). Das Pferd als Fluchttier kann sich psychisch nur entspannen und ausruhen, wenn es in jedem Augenblick fühlt, dass die ranghöheren Tiere, Leitstute oder Leithengst, wachen, rechtzeitig warnen, wenn Gefahr droht und es notfalls verteidigen. Das Jungpferd kann unterdessen »in aller Ruhe« weiden, spielen, dösen oder schlafen. Die Pferde, die dieses nie kennenlernen, können es nie und sind in der Regel sehr nervös. Und dann kommen allerlei Probleme hinzu, mit denen die späteren Pferdebesitzer ein Leben lang mehr oder weniger kämpfen müssen. Aber die Ursache bleibt bestehen. Wer macht sich schon Gedanken über die psychische Verfassung eines Fohlens? Wenn es Pferdezüchter und Händler gibt, die Geld mit diesen

97

Geschöpfen machen und darauf keine Rücksicht nehmen – was ist dann mit den Käufern?

Eine zweite wichtige Voraussetzung für artgerechte Pferdehaltung ist die Größe der Weiden. Es ist ein Bedürfnis des Pferdes, regelmäßig seine Ausdauer, seine Herz- und Lungentätigkeit und den Blutkreislauf zu trainieren, um gesund zu bleiben. Die Weiden bei uns sind erbärmlich klein und eine Zumutung – keinesfalls eine Wohltat für das Pferd! Zwar immer noch besser als eine Box, ganz klar, aber nicht einmal im Ansatz genug. Es ist Zeit umzudenken, es ist dringend notwendig, hier etwas zu verändern. Man sollte die Weiden durch Baum- und Buschpflanzungen mit Hügeln und Gräben so abwechslungsreich wie möglich gestalten und den Pferden einen zusammenhängenden Rennweg von mindestens 1000 bis 1500 Metern ständig offenhalten. Um nur einen Einblick in das zu geben, was eine artgerechte Haltung für die Pferde bedeuten würde, hier ein Beispiel: 20 bis 30 Pferde mit etwa 15 Rindern auf 150 bis 500 Hektar hügeligem, baum- und buschbewachsenem Ödland – ganzjährig draußen selbstverständlich. Und wenn sich das jetzt nach unglaublich viel anhört, dann sollte das nur eine weitere Alarmglocke auslösen, die zeigt, wie schlimm es um unsere Vorstellung von artgerechter Pferdehaltung steht.

Das Pferd ist ein Fluchttier, es muss seinen Fluchttrieb, seine Fluchtreflexe und seine physische Beweglichkeit genauso entwickeln und bewahren wie seine Entspannungsphasen. Aus dem Grund sind Fohlenspiele wichtig, aber noch wichtiger sind Weiden, die groß genug sind, um die Pferde im Verband zum Rennen – auch über längere Distanzen – einzuladen, um die eigentlichen Fluchtreflexe, die Ausdauer und den Raumgriff zu fördern. Wenn ein Pferd das Vertrauen in seine eigene Fluchtfähigkeit verliert, in die psychische, weil es sich angebunden, eingesperrt oder festgehalten fühlt, oder in die physische, weil es verletzt ist, lahmt, unterernährt oder überfüttert ist, sodass jede Bewegung Schmerzen erzeugt, verliert es erfahrungsgemäß seinen Lebenswillen und den Lebensmut. Es gibt Pferde, die innerhalb kurzer Zeit eingehen, weil sie falsch behandelt werden. Man sagt dazu, dass die Pferde »ihre Seele verlieren«.

Und in der Tat, schauen wir uns um, was gibt es Seelenloseres, Traurigeres zu sehen, als webende, koppende oder zungenstreckende Pferde?

Können wir das verantworten? Wie können wir so etwas zulassen? Werden wir das unterstützen? Oder leben wir mit dem Respekt vor diesen unvergleichlichen Wesen und geben ihnen ihre geraubten Bedürfnisse zurück? ♞

Fotos: *Das gleiche Pferd während der Zeit in der Boxenhaltung, Offenstalhaltung und nach einem Jahr in einer artgerechten Haltung. Die Gesundung des Körpers und der Seele ist sichtbar.*

VI.
Kleiner Ausflug zu mir selbst. Ich merke, dass ich mich verändere. Ich sehe die Welt mit anderen Augen, insbesondere die Welt, in der die Pferde leben müssen. Das tut mir weh. Ich brauche spirituelle Weiterentwicklung in mir selbst.

WENN wir uns auf diesem bahnbrechenden Pfad bewegen, dann verändert sich sehr viel. Wir verändern uns und damit verändert sich auch unser Blick auf die Welt um uns herum. Das, was gestern noch vollkommen normal erschien, ist heute grotesk. Die Veränderung vollzieht sich langsam. Und die Konsequenzen sind längst nicht immer einfach für uns zu verkraften. Von Mensch zu Mensch unterscheiden sich diese Konsequenzen und manchmal erscheint es schwierig, mit der Welt zurechtzukommen, in der man sich befindet. Ich glaube, es ist besonders schwer für die Menschen, welche dazugehören möchten und plötzlich merken, dass sie etwas nicht mehr ertragen können. Man kann dann nicht mehr durch den Stall gehen und so tun, als ob alles in Ordnung wäre. Die Augen können nicht mehr darüber hinwegsehen, das Herz spricht deutlich zu einem. Man sieht, dass diese Menschen die Pferde quälen und das tut einem weh, man fühlt sich so allein und ohnmächtig – ohnmächtig, weil wir diesen Pferden nicht helfen können, weil Pferde ihren Reitern einfach ausgeliefert sind. Sie machen mit ihnen, was sie wollen. Man hat vielleicht das Gefühl, allein gegen Windmühlen zu kämpfen. Oder man kann vielleicht nicht sehen, was man dort überhaupt alleine ausrichten soll.

Ich habe viele Menschen getroffen, die sehr unterschiedliche Wege entwickelt haben, damit umzugehen. Obwohl ich denke, dass es heute einfacher ist als etwa vor sieben Jahren, als wir von der Academia Liberti damit angefangen haben, dieses Wissen zu verbreiten. Damals war es sehr einsam um uns herum. Wir waren nur eine Handvoll Leute, verteilt über diesen Planeten, jede/r für sich so ziemlich alleine in dem Ozean der traditionellen Reiter. Mit den Reitern über so etwas zu reden, war (und ist teilweise) wie über Aliens zu sprechen. Es ist wie damals, als den Leuten erklärt wurde, dass die Erde keine Scheibe ist. Wie bringt man es ihnen bei, wenn man von allen Seiten von den Leuten bekämpft wird, die das große Geld mit Sou-

ERKENNE DICH SELBST: *Alles, was dich umgibt, ist in dir drinnen. Der Schmerz, den du um dich siehst, ist in dir drinnen. Du hast dich weiterentwickelt und jetzt kannst du ihn sehen.*

venirs verdienen, die die Erde als Scheibe darstellen? Und wenn die Menschen noch dazu glauben WOLLEN, dass die Erde eine Scheibe ist, weil sie sich ansonsten fürchten, an einer Erdkugel abzurutschen?

Es ist sehr schwer für aufwachende Reiter, die Wirklichkeit, die sie bis dato selbst geteilt haben, weiterhin zu akzeptieren. Bis vor ein paar Monaten hat man doch selbst die Erfüllung auf dem Pferderücken gesucht und noch geglaubt, dass das eigene Pferd einen liebt und vielleicht sogar das Reiten »liebt«. Man hat wahrscheinlich gedacht, dass man tierlieb ist und alles für sein Pferd tut, damit es ihm gut geht. Es ist überhaupt erst einmal schwer für manche, damit klarzukommen, wie man sich so täuschen ließ und selbst zu realisieren, in welchem Irrtum man sich befunden hat. Und wenn man mit dem Training auf der Basis des freien Willens begonnen hat und plötzlich gänzlich andere Reaktionen des Pferdes erfolgen. Wie Wie zum Beispiel wenn man plötzlich ganz klar unterscheiden kann, wann sich das Pferd einem freiwillig anschließt. Wenn man die Tür zu dieser neuen Kommunikation mit dem Pferd öffnet und plötzlich kommuniziert das Pferd mit dir. Es zeigt dir was wahre Freundschaft ist, es zeigt dir was du bis dato falsch gemacht hast, aber mit einer unglaublichen Sanftheit, mit einer Reinheit, dass es manchmal auch fast beschämend für einen ist. Die aber auch reinigt. Sie reinigt unsere Seele und wir können ganz anders atmen und fühlen. Die aber auch mal ein deutliches NEIN bedeuten kann, welches vielleicht am Anfang irritierend sein könnte. Bis gestern hat man geglaubt, das Pferd mag das oder es macht ihm nichts aus. Jetzt plötzlich spricht das Pferd etwas anderes; es begreift sehr schnell, dass es keine Angst mehr vor der Bestrafung haben muss, wenn es nicht gehorcht. Wenn es nicht mehr das tut, was von ihm ERWARTET wird. Und man möchte das Pferd nicht mehr verletzen oder wieder Fehler begehen. Viele Menschen werden zuerst sehr verunsichert. Dann kommen noch diese Empfindungen gegenüber den anderen Reitern hinzu, die eben noch nicht so weit sind wie man selbst, und die Reaktionen der Umwelt. Im Stall wird ihnen vorgeworfen, sie können mit dem Pferd nicht umgehen. Das Pferd wäre respektlos, man erlaube ihm zu viel, es müsse endlich richtig erzogen werden. Plötzlich findet man sich in der Außenseiterrolle wieder! Wenn man eine sensible Persönlichkeit hat, dann hinterlässt das Spuren. Insbesondere leiden viele junge Mädchen enorm darunter. Auf der einen Seite empfangen sie sehr stark, was ihr Pferd kommuniziert, auf der anderen Seite bekommen sie diesen unglaublichen Druck von der Gesellschaft, die eben das nicht sehen kann, was die Mädchen sehen können.

Eine Geschichte möchte ich dazu erzählen. Zwei Mädchen, die damals mit mir den Weg gingen, hatten jedes eine »Leihstute« in dem Stall, in dem wir waren. Die Stuten gehörten dem Besitzer, der mit ihnen gezüchtet hat. Die Mädchen zahlten eine Reitbeteiligung und hatten somit ihre Pferde, um die sie sich kümmern konnten. Die zwei Mädchen vergötterten ihre Pferde. Sie waren die Einzigen im Stall, die Pferde nur mit Halfter ritten. Als wir diesen Weg gemeinsam mit unseren Pferden einschlugen, haben wir aufgehört zu reiten. Anstatt sich darüber zu freuen, dass seine Stuten eben nicht mehr geritten wurden, aber er das Geld weiterhin bekam, ärgerte sich der Besitzer eher darüber. Seine Mutter feindete die Mädchen jeden Tag an, wenn sie zum Stall kamen. Die Mädchen hätten alles für ihre Stuten getan, sie haben sogar mit ihnen in den Boxen geschlafen, wenn sie Ferien hatten. Sogar als die Stuten Fohlen hatten. Einmal schlug eine andere Stute nach der Stute des Mädchens. Es hob seinen Arm, um seine Stute zu beschützen, und bekam den Schlag ab. Ich kam kurz danach in den Stall und fuhr die Kleine ins Krankenhaus: Der Knochen war angebrochen. Tränen des Schmerzes liefen ihr die Wangen herunter, aber was sagte sie? »Zum Glück wurde meine Stute nicht verletzt!«

Durch die Umstände verließ ich den Stall, weil ich meine Stute in einen Offenstall bringen wollte. Die Mädchen jedoch blieben, weil ihre Stuten für die Zucht gebraucht wurden. Sie mussten jedes Jahr ein Fohlen bekommen. Wenn es ein Hengstfohlen war, ging es meist mit sechs Monaten zum Schlachter wie 99 Prozent aller Hengste in diesem Stall. Wenn es ein Stutfohlen war, hatte es mehr Chancen, als Reitpferd oder Zuchtstute sein Leben zu verbringen. Die Mädchen besuchten weiterhin ihre Stuten. Jeden Tag erwartete sie die Mutter des Besitzers, um ihnen zu erzählen, dass sie reiten sollten, dass das ein Unfug ist, was sie tun und so weiter. Eines der Mädchen verließ den Stall. Und das andere? Trotz allem Mobbing ging es aufgrund der Liebe zu dieser Stute noch eine Zeit lang hin, bis es eines Tages von der Mutter des Besitzers mit den Worten empfangen wurde: »Was willst du überhaupt noch hier? Du sollst nicht mehr herkommen. Verschwinde hier!«

Das sagte eine 65-jährige Frau zu einem 15-jährigen Mädchen! Das Mädchen war gebrochen. Ihre junge Seele schloss sich, um nicht mehr so verletzt zu werden, und sie hat seitdem nichts mehr mit den Pferden zu tun. Ich kann mich immer noch an ihre sehnsüchtigen Blicke erinnern, als wir danach manchmal an diesem Stall vorbeifuhren. Die Herde graste auf der Wiese und sie konnte ihre Stute kurz sehen, einen kurzen Blick erhaschen, voller Liebe, voller Sehnsucht, voller Traurigkeit. Solch ein junges Leben, unschuldig, naturverbunden, tierlieb, offen, frei …

und schon so verletzt. Von den Menschen, die das Leben nicht fühlen können, für immer gebrochen.

Es gibt natürlich auch Fälle, in denen der Mensch schon eine gute Beziehung zum Pferd hatte und es nie für den Sport gebrochen wurde. Dann wird die Verständigung mit dem Pferd einfacher und es kommen keine wirklich harten Antworten zurück. Trotzdem passieren viele Veränderungen in und um einen selbst.

Durch die verschiedenen Fälle wurde mir mit der Zeit bewusst, dass es Eltern gibt, die ihre Kinder zum Reiten ZWINGEN. Es war schwer für mich, dieses zu glauben, aber in der Tat passiert das sehr oft. Ich möchte hier die Geschichte von Vilde Bjørnødegård Bakken wiedergeben, einem Mädchen aus Norwegen und seinen Gefühlen in einer ähnlichen Situation:

Wenn Eltern unsere Pferde und unsere Seele verletzen.
Wo kommen unsere Wunden her?

Der Wind flüstert mir zu, wie schön das Leben ist.

Die letzten Wochen waren in vielerlei Hinsicht eine Herausforderung, ein Schock nach dem anderen. Als ich dachte, mein Leben wäre so perfekt, dass nichts daran etwas ändern kann, wandelte sich meine Angst in die Realität um. Ich erkannte, dass Perfektion eine Lüge ist. Wir leben, während wir uns vor der Wahrheit verstecken, und ich kann mir selbst nicht helfen wegen meiner Dummheit und der Aktionen, die meine bisherige Denkweise verursacht haben.

Ich blicke in den Himmel und warte auf die ersten Schneeflocken.

Eines Tages, als ich von der Schule nach Hause kam, hatte meine Mutter »Ehra« geritten, mein kleines schwarzes Pony, das ich nicht mehr reiten wollte. In diesem Moment konnte ich nichts verstehen und es fühlte sich an, als wenn der Boden unter meinen Füßen riss und ich mit all meinen Visionen und Gedanken in ein großes Loch nach unten gezogen würde, um mir zu sagen, was ich falsch gemacht habe. Das Schlimmste war nicht die Handlung ihres Reitens, sondern als sie mir erklärte, dass Ehra das Reiten genossen und sich das schon viele Male gewünscht habe. Dieser Tag war ein Albtraum, ich schrie, weinte, war dabei, mich in so vieler Hinsicht zu verletzen, bis ich merkte, dass meine Jammerei Ehra niemals helfen würde, wieder zu heilen. Ich weiß nicht, wem oder was ich danken soll, dass Ehra nicht gebrochen ist. Nicht mental. Aber ich frage mich, wie viel Schaden sie wieder durch das Reiten genommen hat und wie viel von dem Schmerz und Leid sich durch ihr dichtes Fell zeigen wird. In gewisser Weise scheint es, als ob sie an unser früheres Leben erinnert wurde, denn sie lässt mich nicht aus den Augen. Sie ist in meiner Nähe, lässt sich von niemandem berühren oder anblicken, bevor ich ihr sage, dass es in Ordnung ist. Sie sucht mich in einer Weise, die ich nie zuvor erlebt habe, als wenn sie möchte, dass wir einander näherkommen. Und das macht mich noch härter in meiner Entschlossenheit für sie zu kämpfen, um sie aus den Fesseln des Schmerzes und des Leidens zu befreien. Es ist Dezember und immer noch fiel kein Schnee – wo bleibt nur des Himmels reinigendes Wunder?

An einem anderen Tag, als ich von der Schule nach Hause kam, fiel mir als Erstes dieser bittere Geruch von poliertem Leder auf. Lelas (das Pferd meiner Mutter) alter Sattel und das Zaumzeug mit dieser schrecklichen zweiteiligen Trense hingen auf der Stuhllehne. Ich hielt meinen Atem an, aber dieses Mal war ich bewusst bei mir und ich behielt die Ruhe. Es konnte niemand sehen, dass unter der stillen Wasseroberfläche ein Sturm in Vorbereitung war, um auf der Erdoberfläche auszubrechen. Am selben Abend versuchte ich Lela aufzuwecken, aber sie war weg, gefangen in ihrem eigenen Kummer. Ehra drängte sich noch näher an mich und zum ersten Mal in diesem Jahr legte sie ihren Kopf auf meinen Schoß. Ich fühlte mich verloren, aber die Anwesenheit der Pferde brachte mich der Natur näher und ließ mich mein eigenes inneres Selbst finden. Es machte mich stärker und ich öffnete meine Seele, sodass ich das Gefühl hatte, fliegen zu können. Und ich war wieder offen für die Weisheit. Meine Mutter ist nicht bösartig, aber wenn ihr geringes Wissen ihr nicht mehr sagen kann, wie man mit einer Situation umgeht, dann wird sie aufgrund ihrer Angst aggressiv und behandelt ihre Tochter mit Gewalt.

Dieser Tag ist genau einer jener Tage, der uns die Antwort auf die Frage ›Ist das Leben lebenswert?‹ gibt. Lela sieht mich an und ich glaube, sie ist nervös, aber ich weiß nicht, wie ich ihr sagen soll, was ein Pferd fühlt, weil ich nie wissen, sondern nur raten kann. Und das Leben ist nicht zu erraten, das Leben ist Leben und Erleben. Meine Hand vergräbt sich in ihrem schwarzen Fell – es ist, wie ich nie zuvor gefühlt habe. Ich öffne meinen Mund und spüre den Geschmack frischer Luft – sie schmeckt kostbar, wie ich sie noch nie zuvor wahrgenommen habe. Ich schließe die Augen und atme tief ein. Die Kälte zeigt mir ihren Weg aus meiner Nase, meinen Lungen – ich kann es fühlen, wie ich es nie zuvor gefühlt habe. Meine Ohren bekommen eine Einladung, um einige der Vögel in der Nähe singen zu hören, und ich brauche nicht zu antworten – es ist, als habe ich es noch nie zuvor gehört. Ich höre die Geräusche der Pferde beim Fressen und alle Klänge zusammen: Die Pferde, den rauschenden Bach, die wehenden Bäume und die singenden Vögel – die Komposition weckt das kleine Kind in mir auf. Dann öffne ich meine Augen. Alles scheint so bunt und doch so müde, so lebendig und doch so tot, so aufgeklärt, aber doch so dunkel. Ich kann sehen, wie ich nie zuvor gesehen habe, und ich merke, dass die Mutter Erde dagegen eine Balance schafft. Leben und Tod, Licht und Dunkelheit, Lärm und Stille – es ist alles ein Teil im Kreislauf des Lebens!

Meine Hand fühlt sich an, als würde sie in ihre Mähne gehören, und ich schaue zu dem schönen Himmel und den hohen Bäumen im Hintergrund. Ein schwarzer Rabe tanzt mit dem verführerischen Wind und in diesem Moment weiß ich tief im Inneren, dass Søljar, mein Fjordpferd, mit uns ist. Ehra beißt mich vorsichtig in meine Schuhe und versucht mich zu bewegen. Ich lache, gebe ihr eine Umarmung und wir laufen den kleinen Hügel hinauf. Wir tanzen, um zu leben. Meine Ohren fangen ein donnerndes Geräusch ein und einen Moment später gesellt sich Lela zu uns. Die Große nimmt mich mit in den Wald, während das kleine schwarze Pony neugierig die Geheimnisse der Natur erkundet. Ich bewundere, wie offen und ehrlich die Pferde sind. Nur ein Blick aus ihren schönen Augen reicht und mein Herz steht in Flammen. Wir steigen den Berg hinauf und die Pferde scheinen lebendiger als je zuvor. Sie können mich lesen, sie können wählen, welche Seite sie lesen möchten, und im Gegensatz zu den Menschen, die versuchen, mein Buch nur zu lesen, können Pferde auch zwischen die Zeilen sehen. Die Pferde haben eine einmalige Art und Weise des Verstehens und des Spiegelns, was sie in uns zu spüren. Ich hoffe, dass ich eines Tages meine Fähigkeit des richtigen Verstehens anderen Menschen zeigen und dadurch einiges verbessern kann. An der Spitze des Berges atme ich tief und schließe die Augen. Alle anderen Sinne werden schärfer und ich spüre: Das Leben ist lebenswert. 🐎

Ich habe die Erfahrung gemacht, dass Menschen die meisten Probleme haben, wenn sie sich zwischen ihrer verstärkten erwachenden Wahrnehmung und der Kommunikation mit dem Pferd auf der einen Seite und der verständnislos reagierenden Umwelt auf der anderen Seite wie zwischen zwei Fronten fühlen. Wenn sie sehen, wie die Pferde leiden und deutliche Signale des Schmerzes von sich geben und die Reiter diese Tortur jeden Tag aufs Neue praktizieren.

Eine Frau meinte einmal: »Es ist so schwer zu ertragen: In meinem Stall treffen sich die Reiterinnen zum Kaffeekränzchen und die Pferde müssen stundenlang angebunden stehen, damit ihre Kinder sie kämmen oder Hufe lackieren können oder was auch immer sie mit den Pferden tun. Wenn sich Pferde mal weigern, dann werden sie geschlagen.«

Ein anderer Mann sagte: »Ich kann diese Reitertussis nicht ausstehen. Sie verstehen nichts von den Tieren, halten das Tier in einer Box, haben Stress reiten zu MÜSSEN. Dann kommen sie in den Stall zum Tratsch und ihnen fällt eine halbe Stunde bevor sie nach Hause gehen ein, dass das Pferd auch bewegt werden MUSS. Dann hetzen sie das arme Tier an der Longe im Kreis oder steigen mit ihren fetten Hintern darauf, damit sie sich schnell dieser Arbeit entledigen können.«

Ich persönlich kenne andere Beispiele, dass die Reiter und Reiterinnen eher die Zeit im Stall dafür verwendet haben, um das Pferd ausgiebig zu »benutzen«. Man hat immer dieses verzweifelte MUSS bei diesen Menschen gespürt. Ich will (muss) reiten. Wenn man sich selbst daraus befreit hat, wird das einem umso bewusster. Wenn ich so zurückblicke, ergaben sich viele dieser »Lästigkeiten« rund ums Pferd einfach durch die miserable und eingeschlossene Haltung in den Boxen. Dadurch entstehen so viele sinnlose Notwendigkeiten, beispielsweise das tägliche Bewegen. Also man MUSS jeden Tag in den Stall, man MUSS reiten, auch wenn es einem gar nicht passt. Hätte das Pferd eine artgerechte Haltung, wäre das alles nicht nur viel besser für das Pferd, sondern auch viel entspannter für den Reiter.

Einmal – es war gerade Winter – war ich im Stall und führte meines und einige andere Pferde aus dem Paddock wieder in ihre Boxen. Im Winter haben wir uns immer abgewechselt mit dem Hinaus- und Hereinführen der Pferde, damit eben nicht jeder stets zweimal am Tag in den Stall fahren MUSS. In der Box neben meiner Stute stand eine andere Stute und ihre Besitzerin kam nicht jeden Tag. Also habe ich sie gefragt, ob ich ihre Stute auch herausstellen und wieder "hereinholen" soll, damit sie wenigstens ein bisschen aus der Box und an die frische Luft kommt. Sie war einverstanden. Ich hatte gerade die zwei Stuten wieder in ihre Boxen gestellt, als sie auch kam. Sie sah das schmutzige Halfter (die Pferde hatten sich draußen gewälzt) und fragte mich darauf zeigend: »Aber mein Pferd sieht nicht so aus, oder?

»Das tut sie«, antwortete ich, »sie hat sich gerade draußen gewälzt.«

»Ah, das geht nicht, ich habe sie gestern eine Stunde geputzt! Ich kann doch nicht jeden Tag das Pferd stundenlang putzen, dann komme ich nicht mehr zum Reiten! Also ich möchte das dann nicht, dass sie rausgeht.«

Ich glaube, das sind Momente, mit welchen wir alle in einer Umgebung, in die wir augenscheinlich nicht mehr hineingehören, zu kämpfen haben. Eine solche Ignoranz gegenüber einem Tier, dessen Leid wir deutlich wahrnehmen können, verletzt uns selbst. Also neigt man dazu, dieses weiterzugeben. Ich antwortete ihr, ob sie sich nicht vielleicht doch lieber überlegen sollte, ein Plüschpferd zu kaufen, denn diese werden nämlich nicht schmutzig. Ein lebendiges Pferd wälzt sich nun mal ab und zu ganz gern. Und wenn man ihnen die optimalen Lebensbedingungen ermöglicht, dann wälzen sie sich sogar sehr ausgiebig für die Fellpflege und zum Schutz vor Insekten – und das am liebsten nach einem Wasserbad oder Spiel.

Es ist eigentlich eine so große Freude, den Pferden bei Wasserspielen zuzusehen. Im idealen Fall haben sie eine natürliche Wasserquelle, aber auch eine Pfütze tut es schon. Was für ein Spaß!

In der Natur suchen Pferde jeden Tag eine Wasserstelle auf, um zu trinken. Dabei gehen sie mit ihren Vorderbeinen und Hinterbeinen ins Wasser hinein. Der Nebeneffekt ist, dass ihre Hufe dabei natürlich »gewässert« werden und die Feuchtigkeit speichern können. Durch dieses Wissen haben wir uns angewöhnt, um den Trinkplatz eine kleine Wasserstelle zu schaffen. Das erreicht man am einfachsten, wenn man einen Trog oder ähnlich großes Gefäß mit Wasser füllt und es immer etwas überlaufen lässt. Pferde trinken am liebsten Wasser aus einer offenen Stelle, die automatischen Tränken mögen sie nicht besonders – auch wenn sie für den Menschen einfacher in der Handhabung sind. Womit wir auch schon wieder bei den Erleichterungen für die Menschen sind und nicht bei dem, was für die Pferde artgerecht wäre. Wenn man einen solchen Trinkplatz für die Pferde hat, dann erlebt man oft lustige Wasserspiele. Es gibt jedoch auch sehr viele Pferde, die als das Resultat einer unnatürlichen Haltung gar nicht ins Wasser hinein möchten. Wenn sie es nicht von klein auf gewöhnt sind und kennen, dann wird das Normale eben »unnormal«.

Also, je mehr wir uns weiterentwickeln und uns Wissen aneignen, umso mehr nehmen wir auch wahr. Und desto eher neigen wir dazu, uns über die anderen und das, was sie den Pferden (und anderen Tieren) antun, zu ärgern. Es ist verständlich und nur menschlich, dass wir mitleiden und uns das Elend der Tiere berührt. Aber was genau passiert in diesem Moment? Ist es einfach ein Mitfühlen? Mitleiden? Oder steht dahinter eine unbewusste Absicht? Fragen wir uns manchmal: »Was bezwecke ich damit?«

Ich leide doch genauso wie dieses Tier, weil ich sein Leid und seinen Schmerz spüren kann. Aber ist das nicht eigentlich mein Schmerz, der für mich auf einmal sichtbar geworden ist? Bisher habe ich ihn durch das Reiten verdrängt und alles getan, um ihn nicht zu spüren. Aber jetzt sehe ich ihn so deutlich, die Tiere spiegeln es mir so klar, wie nur ein Spiegel dies kann. Und was tue ich jetzt?

Verlagere ich nicht meinen Schmerz, indem ich die anderen für das verurteile, was ich bis gestern eventuell selbst getan habe? Habe ich es denn besser gewusst?

»Normale« Menschen tun in den seltensten Fällen etwas, von dem sie WISSEN, dass es verächtlich und falsch ist. Sie verüben Gräueltaten an den Tieren aus Unkenntnis. Indem wir ihnen vergeben, vergeben wir uns selbst. Und nur so können wir sie auch erreichen und für sie das sichtbar machen, was wir jetzt so deutlich wahrnehmen können.

»Seine Mitmenschen mental mit negativen Etiketten zu versehen, entweder in der unmittelbaren Begegnung oder, wie es häufiger vorkommt, indem man mit anderen über sie spricht oder auch nur an sie denkt, ist meist Teil eines Musters. Schimpfnamen sind die übelste Form einer solchen Etikettierung und des Ego-Bedürfnisses, Recht zu behalten und über andere zu triumphieren: ›Dummkopf, Mistkerl, Schlampe‹, das alles sind Beurteilungen, an denen man nicht rütteln darf. Auf der nächsttieferen Stufe der Unbewusstheit wird geschimpft und geschrien, und noch ein bisschen tiefer kommt es zur physischen Gewaltanwendung.

Die Empfindungen, die mit dem Klagen und der Etikettierung anderer einhergeht und die dem Ego noch mehr Energie zuführt, ist der Ärger. Ärger bedeutet,

Tipp: Liebe dich selbst genug, um in der Lage zu sein, dich von den Sachen zu verabschieden, welche dir und deinem Wachstum nicht mehr dienen.

erbost, entrüstet, gekränkt oder verletzt zu sein. Du ärgerst dich über die Gier, die Unehrlichkeit oder die Unanständigkeit anderer, über das, was sie tun, was sie getan oder nicht getan haben, was sie gesagt haben, was sie hätten tun oder lassen sollen. Das mag das Ego. Statt über die Unbewusstheit anderer hinwegzusehen, machst du sie zu deren Identität. Wer tut das? Die Unbewusstheit in dir selbst, das Ego …

Bisweilen mag tatsächlich ein Fehler vorhanden sein, aber wenn du dich darauf konzentrierst und vielleicht sogar für nichts anderes mehr Augen hast, verstärkst du ihn nur. Und auf was du bei anderen reagierst, stärkst du in dir selbst.«

Eckhart Tolle, »Eine Neue Erde«, 2005.

Also was ist denn der richtige Weg? Soll ich mich gar nicht aufregen, soll ich das alles einfach ignorieren? Aber die Tiere leiden doch! Ich kann doch nicht tatenlos zusehen, oder?

Das sollen wir auch nicht. Es hängt sehr viel davon ab, wo wir uns in unserer eigenen Entwicklung befinden. Wie weit wir uns selbst erkannt haben, wir weit wir bewusst sind. Um in der Lage zu sein, sich selbst zu erkennen, ist es nötig, dass man bestimmte Verständnisebenen von der Welt, den Naturgesetzen, den Gesetzen der Energie, der emotionalen Intelligenz, der Psychologie, Spiritualität und so viele andere Zusammenhänge zwischen ihnen erreicht. Um in der Lage zu sein, dies zu lernen und die Reaktionen in unserem Leben zu ERFAHREN, sollte eine bestimmte Lebenszeit gelebt werden. Ich glaube, dass das Verständnis sofort stattfinden kann, auch wenn man in Teenageralter ist, trotzdem will vieles einfach ERLEBT werden. Das Erlebnis und die Erfahrung sind das, was die Theorie von der Praxis unterscheidet. Das ist es, was uns die Tiefe gibt, vielleicht kann man es auch ein tiefes Verständnis nennen. Die Motivationen erkennen und verstehen zu können, die uns dazu bringen, auf eine bestimmte Art zu handeln, ist eine sehr schwierige Aufgabe. Denn der Mensch ist von bestimmten Emotionen geleitet, welcher er sich bewusst werden muss, um in der Lage zu sein, eigene Handlungen zu verstehen.

Wenn man das eigene Leben besser verstehen und eine aktive Rolle in dessen Gestaltung spielen will, dann muss man die Verantwortung für das eigene Leben übernehmen – anders als die meisten Menschen, die zu Opfern von »Zufällen«, »Unfällen« oder »Umständen« werden. Das Selbstentwicklungsstudium ist dazu da, jedem das Wissen und die Möglichkeit zu geben, um zu erfahren, dass unser Schicksal in unseren Händen liegt oder eigentlich in unserem Geist, um es passender auszudrücken. Das, was in unserem Leben passiert, ist die direkte Äußerung

»Erlaube nicht deinen Wunden, dich in jemanden zu verwandeln, der du nicht bist.«
Paulo Coelho

unserer inneren Welt – unserer Motivationen, Emotionen, Gedanken und Aktionen.

Was heißt das in der Praxis?

Jedes Mal, wenn wir ein misshandeltes Pferd sehen, müssen wir uns selbst klarmachen, wie schmerzhaft das Leben im Inneren seines Besitzers sein muss, dass es ihm möglich ist, in Ignoranz gegenüber einem so sanftmütigen Lebewesen wie dem Pferd zu leben. Um Pferden zu helfen, müssen wir ihren Besitzern helfen, und dies können wir nur, wenn wir uns selbst verstanden und innere Ruhe und Frieden in uns selbst erreicht haben.

Zugegeben, auf dieser Stufe ist es sehr schwierig. Es ist schwierig, das Verständnis für die Menschen aufzubringen, welche mit Gewalt und Brutalität die Tiere misshandeln. Und das, was jeder Einzelne von uns als brutal empfindet, unterscheidet sich auch sehr stark. Nehmen wir hier ein Beispiel, das sicherlich die meisten Menschen in Deutschland als barbarisch ansehen werden.

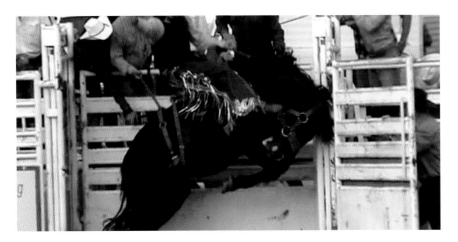

Foto: *Das Pferd wird vor dem Einlass in die Arena schwer misshandelt. Ein Mann gibt ihm Stromschläge mit einem Elektroschocker, andere Männer haben es geschlagen und mit ihren Fingern in die Augen gebohrt, um das Pferd verrückt vor Schmerzen zu machen. Das Pferd trug schweren Schaden an den Augen davon. Es hat angefangen zu buckeln und sich mehrfach an die eiserne Tür geworfen, die hier gerade aufgeht.*

Die meisten von uns werden sich wahrscheinlich über dieses Bild aufregen, oder? Was geht in diesen Menschen vor, um in der Lage zu sein, so etwas einem unschuldigen Tier anzutun? Einem sanften, friedfertigen, liebevollen Tier? Viele Menschen wissen nicht einmal, dass die Pferde in dem Rodeo eigentlich überhaupt nicht wild sind. Pferde sind hochintelligente Tiere, die sehr genau in dieser Situation wissen, dass sie nicht weglaufen können. Wenn sie laufen, dann nur um die Stresshormone abzubauen und weil dies ihr Instinkt ist. Viele aber werden einfach verängstigt stehen bleiben. Aber da können wir die Wahrheit sehen. Diese armen Tiere werden mit Elektroschockern an ihren Genitalien misshandelt, damit sie wild vor Schmerz buckeln. Manchmal werden ihnen die Genitalien auch mit scharfen Salben eingeschmiert. Und die Menge erfreut sich an diesem Amüsement. Ich könnte noch mehr Fotos von diesem Event zeigen. Man sieht dann, wie diese Menschen ihre Finger in die Augen des Pferdes bohren und das Pferd stark verletzen. Das Pferd schlägt so lange mit seinem Kopf gegen die Metalltür, um dem Schmerz zu entgehen, bis es nicht mehr aufstehen kann. Soll ich diese Fotos zeigen? Ungern möchte ich die Leser mit diesen üblen Bildern konfrontieren, andererseits: Wie soll man etwas wissen, wenn man es nicht sieht? Ich zeige diese Fotos – die letzten tierquälerischen Fotos, die man in diesem Buch sehen wird.

Es ist überall um uns herum. Wir sehen dieses Handeln auf »Sportveranstaltungen« und es wird mit Goldmedaillen belohnt. Wer sind die Vorbilder für unsere Kinder? Warum sehen wir zu?

Foto: *Olympia-Reiterin Coby van Baalen und ihre Schülerin beim Longieren des Ponys auf der Europameisterschaft Dressur der Ponys vom 18. bis 22. Juli 2007 in Freudenberg. Aufgrund dieser Fotos von einem mutigen Fotografen wurde sogar ein Disziplinarverfahren durch die Niederländische Reiterliche Vereinigung (KNHS) gegen die Dressurtrainerin Coby van Baalen und ihre Schülerin Angela Krooswijk eingeleitet. Aber welche Botschaft ging von dieser Vereinigung aus?*

Coby van Baalen und Angela Krooswijk wurde vorgeworfen, dass sie die Pferde auf dem Abreiteplatz, während der Europameisterschaft, zu kurz ausgebunden longiert hatten. Die Disziplinarbehörde beschloss, dass Coby und Angela in allen Punkten freizusprechen seien. Bedarf das irgendeines Kommentars, liebe Leser?

Besteht ein Unterschied zwischen diesen schrecklichen Taten auf den Fotos?

Wenn wir ehrlich sind ... nein, es besteht gar kein Unterschied. Wir sehen Pferde, die entsetzliche Schmerzen leiden, wir sehen Menschen, die diese Schmerzen zufügen.

Warum ist das erlaubt? Warum sehen wir zu?

Ich gebe zu, es ist sehr schwer, Verständnis und Vergebung für diese Menschen zu finden, aber diese Menschen wissen es nicht besser. Wer so abgestumpft ist, der spürt das Leben nicht mehr. Dies sind die gleichen Menschen, die in den Krieg ziehen und in der Lage sind, andere Menschen zu töten. Dies sind die gleichen Menschen, die in Zoos und Zirkussen die Elefanten anketten und prügeln, damit sie das tun, was von ihnen verlangt wird. Dies sind die gleichen Menschen, die Tiere auf kleinstem Raum einsperren und ZUSEHEN, wie diese Tiere innerlich sterben, stereotypes Verhalten entwickeln und wahnsinnig werden. Aber Moment, wären wir da nicht wieder bei den Pferden in den Boxen? Zum Beispiel bei koppenden Pferden? Wo ziehen wir die Linie? Was betrachten wir als Tierquälerei und was als »normal«? Ist das normal und keine Tierquälerei, nur weil wir es so machen und weil es so üblich ist? Das denken diese Cowboys auf dem Foto wahrscheinlich auch, oder? Also sind die Menschen, die die Pferde in den Boxen halten, auch nicht anders als die Menschen, die dies mit Elefanten machen, richtig? Sie erkennen nicht, was sie tun, sie fühlen die Tiere nicht. Genauso wie die, die ihren Lebensunterhalt mit Pferden bestreiten, die auf ihre Kosten Medaillen holen und das Blutgeld nehmen.

Sie spüren es nicht – sie spüren das Leben nicht.

Wir können sie verurteilen, aber ... waren wir nicht selbst in dieser Situation? War dies für uns nicht auch einmal »normal«? Der Großteil der Pferde ist in Ställen und Boxen eingeschlossen. Sogenannte »Sportpferde« sehen nie eine Weide, sie kommen nur zum quälenden Training heraus. Kutschpferde stehen den ganzen Tag auf der Straße, um die Menschen zu deren Vergnügen durch die Gegend zu ziehen – beschlagen, von der Herde entfernt (wenn sie denn überhaupt eine haben), stundenlang ohne Futter und Wasser.

Als ich meine Stute in einen Offenstall umgestellt habe, lebten dort vier Stuten auf einer – für deutsche Verhältnisse – relativ großen Wiese. Insgesamt auf etwa einem halben Hektar. Davon waren drei Viertel nur im Sommer als Weide offen, stundenweise (weil nicht genug Gras vorhanden war und wenn man es dauerhaft geöffnet hätte, dann hätte dort gar keines mehr gestanden). Das versuchte man zu verdecken, indem man den Pferdebesitzern erzählte, dass die Pferde fett werden und Hufrehe bekommen, wenn man sie grasen lassen würde *ad libitum*, dass sie in Gefahr wären, Koliken zu bekommen und ähnliche Gründe – die jedoch nur auf fehlendem Wissen über die Pferde und damit einhergehend auf den Resultaten einer falschen Haltung basieren. Das erwähne ich nur am Rande – wenn jemand so etwas erzählt, dann hat man einen Anhaltspunkt, dass diese Person wahrscheinlich nicht sehr viel von Natur, Anatomie und Wesen der Pferde versteht und dass sie die Pferde wahrscheinlich nie in einer artgerechten Haltung erlebt hat.

Nun, der eigentliche Punkt, auf den ich hinaus will: Da gab es eine junge Warmblutstute in jenem Offenstall. Ihre Besitzerin hatte sie »probeweise« schon etliche Male geritten und sich nun entschieden, diese Stute zu kaufen. Das Tier war hochsensibel, eine Leitstute. Das Pferd war mit seinem langen Rücken zum Reiten gänzlich ungeeignet (welches Pferd ist schon zum Reiten geeignet?). Nicht mal an die neue Umgebung durfte sie sich gewöhnen, als sie kam, denn ziemlich schnell wurde sie täglich mit Gebiss geritten und an manchen Tagen nach dem Reiten auch eingespannt. Das Tier war bald nervlich am Ende und wurde immer aggressiver. Die Stute ließ sich ihre Psyche nicht brechen und verstand es nicht, warum man ihr so viel Schmerz zufügte. Alle Versuche, mit der Frau zu reden, waren vergeblich, alle im Stall warteten nur darauf, dass ein Unglück mit dem Pferd geschieht. An den Wochenenden ging es dann im Anhänger zu verschiedenen Ställen zum Reiten. Das Pferd hat sich immer mehr geweigert, manchmal dachte ich, dass es den Anhänger zerlegt.

Foto: Das schon sichtlich erschöpfte Pferd nach circa sieben Monaten der »Benutzung«. Ein Häufchen Elend, der Körper schmerzt, die Mundwinkel mit den Wunden von dem Gebiss schmerzen, die Seele ist verletzt …

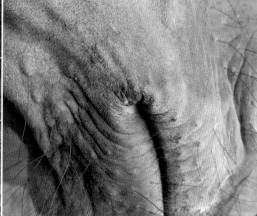

Dann wurde eine »Expertin« gerufen, die mit »sanften« Peitschenhieben das Pferd dazu erzogen hat, in den Hänger zu gehen. Es war grauenvoll, das alles miterleben zu müssen und keine Mittel zu haben, dem Pferd zu helfen. Oft habe ich eine derartig tiefe Traurigkeit von der Stute empfangen, die sich nur zu helfen versuchte, indem sie äußerst aggressiv den Menschen gegenüber reagierte. Das alles bemerkte die Besitzerin gar nicht. Ich habe diese Frau über Monate beobachtet, jeden Tag, wenn sie in den Stall kam. Ihre verbissenen Gesichtszüge spiegelten ihre innere Härte wider. Es war egal, ob es regnete oder schneite, ob es Sturm gab oder ob Sonne herunterbrannte: Sie war pünktlich – ja, geradezu verbissen – da, um das Pferd zu reiten. Angetrieben durch das unerbittliche Etwas in ihr, was ihr keine Ruhe gab, als das Tier bis zur Erschöpfung zu benutzen. Man konnte es sehr deutlich spüren: Sie wollte das Pferd BENUTZEN. Was ist die Ursache dieses inneren Drangs? Dieses Triebs, der dieser Frau keine Ruhe gelassen hat, als ihr Pferd Tag für Tag zu reiten ohne zu bemerken, wie wenig Freude ihr Pferd hat und wie seine Ausstrahlung schwindet. Und auf die anderen Seite die Einsteller, die das genau sehen können, aber kein Wort sagen. Das Pferd wurde dünner und dünner. Nur wenn die Frau in den Urlaub fuhr, atmeten alle im Stall auf und das Pferd blühte ein bisschen auf. Die Erleichterung war für alle deutlich spürbar.

Solche Fälle gibt es viele. Es gibt Ställe, in denen Menschen beigebracht wird ihre Pferde so zu reiten, als ob sie diese hassen würden. Mit Härte und Sporen und Schlägen. Können sich die Leser das vorstellen? Es wird diesen Reitern und Reiterinnen beigebracht, den Pferden absichtlich und vorsätzlich Schmerzen zuzufügen. Viele sind sich nicht einmal bewusst, dass diese Schmerzen schon mit der Trense beginnen. Für die Reiter, die aufgewacht sind, ist das unerträglich, so etwas weiter miterleben zu müssen. Am Ende kommt man zu dem Punkt, an dem man sich fragt:

Warum bin ich hier? Warum muss ich das alles sehen, obwohl ich doch nichts tun kann, um diesem Pferd zu helfen?

Aber wir können helfen und sehr viel tun – jede/r Einzelne von uns!

Wir können die Informationen verbreiten, damit andere Menschen auch lernen, aber uns auch einer Gruppe gleich gesinnter Menschen anschließen, damit man sich gegenseitig unterstützen kann. (Willkommen in der Academia Liberti – www.academialiberti.de!)

Wir können das leben, was wir entdeckt und gelernt haben. Wir können ein Beispiel dafür sein, woran wir glauben. Denn nur für das, woran man glaubt, kann man einstehen. Also leben. Also sollten wir unsere Überzeugungen leben. Wir kön-

ERKENNE: Du ziehst nicht das in dein Leben, was du möchtest, du ziehst das in dein Leben, was du bist.

116

nen unser Licht in jeder Minute unseres Lebens scheinen lassen. Diese Entscheidung liegt nur bei uns und keiner kann sie uns verbieten.

Dadurch werden wir weiter innerlich wachsen und neue Türen werden sich uns öffnen, auch wenn manchmal alles aussichtslos »scheint«.

An diesem Punkt war ich, als ich an einem verschneiten Tag bei den Pferden war und die verbitterte Frau wieder kam, um ihr Pferd zu reiten. Ich fragte mich: »Warum bin ich (noch) hier? Muss ich noch etwas lernen oder bin ich da, weil ich mitleide?«

Kurz darauf zog ich auf mein eigenes Anwesen mit den Pferden – der Traum fast aller Pferdebesitzer, glaube ich. Und ich war nicht mehr in dieser Denkbox. Ich wuchs heraus. Um weitere Erfahrungen zu sammeln, um andere Erkenntnisse über die Pferde zu gewinnen, die nun so leben durften, wie ich mir das vorstellte. Um mich weiterzuentwickeln, damit ich den anderen besser helfen kann. Damit ich diese Botschaft vermitteln kann.

Je mehr uns etwas an den anderen stört, desto intensiver versucht unsere Seele, mit uns zu kommunizieren. Es ist nur eine Spiegelung von uns selbst. Versuche nicht, Menschen zu ändern. Schau, was sie dir spiegeln, und ändere es in DIR. Dann ändert sich auch das Spiegelbild.

Wir haben Glück, denn wir haben unsere Pferde, die mit uns diesen Weg gehen, die die guten und schlechten Zeiten mit uns teilen, die uns großzügig und von Herzen ihre Freundschaft anbieten, die uns sogar den Weg weisen, indem sie uns unsere innere Welt so deutlich wiedergeben. ❧

ERKENNE: *Das Außergewöhnliche geschieht nicht auf gewöhnlichen Wegen.*

VII.

Der Wissensdurst steigt. Jetzt begreife ich die Tiefe von dem, auf das ich mich eingelassen habe. Wissen um die richtige Hufpflege, was ist ein Huf, wie wird richtig ausgeschnitten, was muss ich wissen?

HUFE sind ein sehr schwieriges Thema, denn es gibt so viele Theorien über die Behandlung der Hufe wie Sandkörner auf dem Meeresgrund. Wir haben etliche verschiedene Methoden und auch wieder unzählige Hufschmiede und Barhufpraktiker, von denen jeder für sich ein eigenes Süppchen kocht und eine eigene Methode entwickelt hat. Zum besseren Verständnis sind hier ein paar Fakten. Die Wand eines Hufs wächst etwa einen Zentimeter pro Monat, die Sohle etwa zwei bis drei Millimeter. Das ist eine sehr grobe Angabe, die von sehr vielen Faktoren abhängt (wie viel sich das Pferd bewegt, auf welchem Grund, welche Rasse und so weiter). Wenn das Pferd nicht wie ein Wildpferd leben darf (oder artgerecht auf vielen Hektar Land mit verschiedenen Böden), dann nutzt sich der Huf weniger ab als er wächst. Domestikation hat es notwendig gemacht, dass Pferdehufe ausgeschnitten werden müssen, damit der Huf seine Funktion uneingeschränkt ausführen kann. Jetzt muss man sich natürlich alle Pferde, die in den Boxen oder kleinen Ausläufen leben, vorstellen. Ihre Hufe brauchen fachmännische Behandlung, ansonsten können sie ihre Funktion nicht erfüllen – und wie wichtig diese Funktion ist, darauf komme ich noch zu sprechen. Jetzt gibt es aber so viele verschiedene Methoden: Bei zehn verschiedenen Hufschmieden oder Barhufpflegern gäbe es auch zehn verschiedene Arten des Ausschneidens oder unser Pferd würde sich gleich mit genageltem Metall auf seinen Hufen wiederfinden. Wie geht das überhaupt, muss man sich fragen. Was läuft hier schief? Der Huf ist doch kein Stück Holz, das mit dem Schnitzmesser bearbeitet oder mit Nägeln durchbohrt wird. Der Huf gehört zu einem lebendigen Tier, er ist das untere Ende des Beins, auf dem ein Pferd steht. Die Hufe beeinflussen die ganze Stellung des Pferdes und viele andere wichtige Vorgänge im Pferdekörper. Dieses kann man aber alles erst erkennen, wenn man sich tiefer mit der Materie beschäftigt. Als durchschnittlicher Reiter hat man einfach kein Wissen darüber und muss dem Hufschmied vertrauen. Ich habe nicht nur mir diese Frage immer wieder gestellt, sondern auch den Hufspezialisten und weiß bis heute keine Antwort darauf.

In dem Zusammenhang mit der Haltung würde ich gern erst einmal einen weiteren weitverbreiteten Irrtum erwähnen: Hufrehe und die Weide. Geliebte Leserin, geliebter Leser, hiermit appelliere ich wieder an den gesunden Menschenverstand, wenn man keine Gelegenheit hat, Hufrehe oder die Hufe generell selbst zu behandeln. Ein Huf ist ein Organ, das sich unbedingt in seiner natürlichen Form befinden muss, um ordentlich funktionieren zu können. Wenn dieses nicht der Fall ist, dann wird das Organ Huf mechanisch negativ beeinträchtigt, Gewebe und Knochen werden beschädigt – somit ist der Huf nicht mehr intakt. Dann reicht ein kleiner Steinschlag oder irgendein anderer Auslöser und ernsthafte Erkrankungen kommen zum Vorschein.

Aber der Schaden war schon da!

Dieses passiert bei der Hufrehe. Aber sobald man die Pferde korrekt ausschneidet, dann gibt es keine solchen Probleme mehr. Als ich Dr. Straßer in ihrer Klinik besuchte, grasten die akuten Hufrehe-Patienten auf der Weide nebenan. Und die Weide war sogar voller Klee, wovon die meisten Tierärzte oder andere »Experten« unbedingt abraten würden. Aber diese Pferde heilten ohne Probleme. Ganz im Gegenteil: Wenn man sie in ihrer Futteraufnahme künstlich beeinträchtigt hätte, dann würde man sie daran hindern, genau die Pflanzen zu sich zu nehmen, die für sie so wichtig sind (insbesondere wenn sie krank sind). Hier kommen wir zu der eisernen Regel, die wir schon in dem Kapitel zur Haltung besprochen haben:

Beeinflusse niemals ein Tier in seiner Futteraufnahme! Tiere haben viel stärkere Instinkte als wir, sie WISSEN, was sie fressen dürfen und wie viel. Wie würden wir uns fühlen, wenn man uns gefangen halten und ständig bestimmen würde, wie viel und was wir essen?

Oder denkst du, es geht anderen Wesen anders als uns?

Ganz im Gegenteil, sie sind uns in puncto Ernährung weit überlegen.

Der Beruf des Hufschmieds wird in den letzten Jahren immer stärker hinterfragt. Zu viele Pferde gehen jahrelang unter den gleichen Beschwerden und nur Symptome werden behandelt. Zu viele Barhuf-Spezialisten haben sich entwickelt – viele davon waren ehemalige Hufschmiede, herausgewachsen aus dem antiquierten Beruf, beflügelt von neuen Entdeckungen und bereichert durch die Behandlungserfolge. Dr. Hiltrud Straßer, eine herausragende Wissenschaftlerin und Hufspezialistin, hat dem Ganzen eine wissenschaftliche Grundlage gegeben. Im Laufe der letzten fünf Jahre, in denen ich mich intensiver mit dieser Materie beschäftigte, habe ich unzählige Beispiele gesehen, wie Pferde mit dieser Methode gesunde Hufe entwickelt haben oder wie sich ihr Zustand gebessert hat. Mit der Zeit und Erfahrung kommt man nicht umhin, sich die folgenden Fragen zu stellen und Antworten zu suchen:

Abhandlung über den Hufschmiedeberuf
Hufbeschlag – ein Fall für den Tierschutz?

In der Pferdewelt herrschen so viele verbreitete und grundlegende Irrtümer, dass es schwer ist für Pferdemenschen, welche die Wahrheit suchen, diese auch zu finden. Was tut ein gewöhnlicher Reiter für die Pflege der Hufe seines Pferdes?

Er ruft den Hufschmied.

Nun, haben die Hufschmiede das Wissen, um den Huf zu verstehen und zu behandeln?

Dieses darf bezweifelt werden.

Meine eigenen Erfahrungen in den Diskussionen mit Hufschmieden bewegen mich dazu, diese aufzuschreiben, um anderen Menschen zu einem besserem Verständnis zu verhelfen.

Ich glaube, für einen Menschen, dem das Wohl der Pferde am Herzen liegt, ist es von entscheidender Wichtigkeit, erst einmal zu verstehen, warum das Beschlagen der Hufe so schädlich für das Pferd ist:

Wenn man das Pferd beschlagen lässt, dann wird man erstmals das ORGAN Huf in seiner Funktion lahmlegen. Der Huf eines Pferdes dehnt sich beim Berühren des Bodens unter dem Gewicht des Pferdes und zieht sich in der Luft wieder zusammen. Dieses nennt sich Hufmechanismus und hilft dem Pferd, das Blut zurück zum Herzen zu pumpen und das eigene Gewicht abzufedern, damit die Gelenke nicht geschädigt werden. Was passiert, wenn man das Pferd beschlagen lässt?

Dann kann sich der Huf nur minimal in den Trachten bewegen (oft an der Abnutzung des Hufeisens zu sehen) und ich denke, jeder kann sich die Schmerzen, welche durch blockierte Dehnung durch Hufeisen entstehen, vorstellen. Das Gefühl, das man beim Pferd verursacht hat, ist in etwa vergleichbar damit, wenn Sie ab sofort und nonstop in Schuhen laufen müssten, die eine Schuhgröße zu klein sind.

Diese Situation verursacht die Unterbrechung des Blutkreislaufes in der Hufkapsel. Als Erstes ist die Blutversorgung in den Zehen beeinträchtigt. Durch die mangelhafte Durchblutung der Zehen sind auch die Nerven betroffen und werden taub. Durch den Aufbau der Blutversorgungswege im Huf können die Trachten immer noch mehr oder weniger mit Blut versorgt werden und damit das Pferd länger die Schmerzen durch den Schaden im Huf spüren lassen. Mangels Blutversorgung kann das Gewebe in der Hufkapsel absterben.

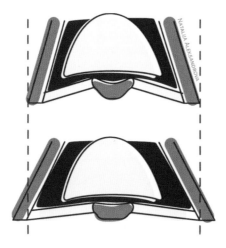

Wenn man sein Pferd beschlagen lässt, dann schädigt man sein Herz, welches auf den Pumpmechanismus der Hufe – und das sind 60 Prozent der Pumpleistung – angewiesen ist, um gesund arbeiten zu können. Sie schädigen Nieren, Leber und andere Organe, weil Sie den Huf in seiner Arbeit blockieren, wenn Sie ihn mit Eisen versehen lassen.

Es gibt eine ganze Reihe physischer Schäden, die man seinem Pferd zufügt, wenn man es beschlagen lässt. Der Hufbeinknochen verursacht ein Quetschtrauma an der Sohle, die sich nicht mehr dehnen kann, so kann sich mit der Zeit eine Ossifikation (Verknöcherung) der Knorpelgewebes bilden. Der Zellenmetabolismus und die Zirkulation sind schwer beeinträchtigt, in der Folge wird Horn mit einer schlechteren Qualität gebildet. Überschüssige Abfallstoffe und Proteine, die nicht für die Hufbildung benutzt werden, verbleiben im Körper. Der Aufprallschock ist erhöht, dadurch auch der nonphysiologische Druck auf die Hufwand – infolgedessen entstehen Schäden an den Gelenken.

Dieses war »nur« ein kleiner Auszug der Verletzungen, die man seinem Pferd durch das Beschlagen zufügt – die Verletzungen, welche in dem Körper stattfinden und worüber man niemals von einem Hufschmied aufgeklärt wird.

Warum sagen einem die Hufschmiede dieses nicht? Einer der Gründe – und das ist eine traurige und entsetzliche Wahrheit – ist, dass die meisten Hufschmiede dieses nicht wissen. Weil es ihnen nicht beigebracht worden ist. Du vertraust diesen Menschen, nicht wahr?

Es ist deine Pflicht, die GESUNDHEIT der Hufe deines Pferdes zu gewährleisten! Die Gesundheit deines Pferdes liegt in deinen Händen und du kannst diese Verantwortung an niemanden abgeben. Nicht an den Hufschmied, nicht an den Tierarzt und nicht an den Stallbetreiber.

Doch es gibt noch einen anderen traurigen Grund: Die Hufschmiede verdienen mit dem Beschlagen von Pferden das meiste Geld, wie mir mehrmals von Hufschmieden bestätigt worden ist.

»Wenn ich es nicht mache, dann macht es ein anderer«.

In unzähligen Diskussionen mit den Hufschmieden konnte NIEMAND die Gründe nennen, warum das Beschlagen des Pferdes FÜR DAS PFERD gut sein sollte. Ganz im Gegenteil: Viele haben zugegeben, dass sie die Pferde nicht beschlagen würden, wenn der Besitzer es nicht ausdrücklich wollen würde, zwecks Reiten oder anderweitiger Benutzung des Pferdes. Und dann kommen wir zur dritten traurigen Wahrheit, dass dies alle Hufschmiede nur aus einem Grund tun:

Weil er/sie kein Wissen hat, die Hufe eines Pferdes so auszuschneiden UND dich über die geeignete, artgerechte Haltung dieser Tiere aufzuklären, damit dein Pferd gesunde Hufe bekommt und über jeglichen Boden ohne Schwierigkeiten laufen kann.

Die wissenschaftlichen und ethischen Gründe, die anatomischen Fakten, die gegen den Hufbeschlag sprechen, sind unumstritten. Und somit können wir sagen, dass der Hufbeschlag eine Körperverletzung darstellt, welche wiederum ein krimineller Akt ist.

In der Entscheidung des Bundesverfassungsgerichts Deutschlands vom 3. Juli 2007 heißt es:

»2. Nach Auskunft der amtlichen Tierärztin L. ... handelt es sich beim Hufeisen immer um ein ›notwendiges Übel‹. Der funktionell notwendige Hufmechanismus, also die elastische Verformung der Hufkapsel bei Be- und Entlastung der Gliedmaße, werde durch das Hufeisen stark, wenn nicht sogar ganz eingeschränkt und die Durchblutung der Gliedmaße damit verhindert. Des Weiteren würden durch die Hufeisen, die Hufnägel und das nachteilig beeinflusste Hornwachstum Spannungen im Huf erzeugt, die zu Schäden der Hornkapsel und später auch zu Schmerzen und Lahmheit führten. Die beste Möglichkeit, das Pferd gesund zu erhalten, bestehe darin, es barhuf gehen zu lassen. Hufbeschlagschmiede und Barhufbearbeiter seien nicht Gegner, sondern Spezialisten für ihre jeweiligen Gebiete. Dem Pferdebesitzer sollte die Wahl zwischen alternativen Hufbearbeitungsmethoden ermöglicht werden. Aus ihrer eigenen tierärztlichen Erfahrung heraus sehe sie keine Gefährdung des Tierwohls durch Huforthopäden oder Hufpfleger. Eigene Erfahrungen hätten jedoch gezeigt, dass ein schlecht angebrachtes Eisen durchaus eine Gefährdung des Tierwohls darstellen könne.

3. Für den Ersten Deutschen Hufbeschlagschmiede Verband weist Prof. Dr. A. ... in einer Stellungnahme darauf hin, dass Übereinstimmung unter den Fachleuten der Veterinärmedizin und des Hufbeschlags dahingehend bestehe, dass Pferde, wenn möglich, barhufig zu belassen seien.«

Diese Tierärzte sind einige in der Reihe verantwortungsvoller Tierärzte, die ihr Fach verstehen und ihren Eid nicht missbrauchen, sondern sich für das Wohl des Tieres einsetzen und sich gegen den Hufbeschlag aussprechen. Unter den Wissenschaftlern, die das Unheil des Beschlagens erkannt haben, sind sicherlich zu erwähnen: Dr. Bracy Clark, Dr. Luca Bein, Prof. Lungwitz, Prof. Smedegard, Dr. Rudolf Zierold, Prof. Chris Pollitt, Hinterhofer, Prof. Robert Cook und Dr. med. vet. Hiltrud Straßer. Und allen voran Xenophon, den so viele Reiter als den Vater der Reitkunst sehen. Er hatte angeordnet, dass die Pferde so viel wie möglich über den steinigen Boden zu laufen haben, damit die Hufe »beschlitten« und gehärtet werden. Schon damals ist erkannt worden, dass die Hufe Bewegung und Härtung brauchen, damit das Pferd reitbar ist.

Bitte lasst mich dieses betonen:
Die Hufe brauchen Bewegung und Härtung, damit das Pferd reitbar ist.

Es ist nicht andersherum, dass das Pferd mit kranken oder empfindlichen Hufen beschlagen werden muss, damit es reitbar ist! Sei dir dessen sicher, wenn dein Pferd beschlagen ist, dann hat es wahrscheinlich schlecht funktionierende Hufe, die erst einmal richtige Behandlung brauchen. Und dann beachten wir den Satz: »… dass Pferde, wenn möglich, barhufig zu belassen seien.«

Wenn möglich? Warum sollte das nicht möglich sein?

Sicherlich wirst du die Erfahrung gemacht haben, dass dieses nicht bei vielen Hufschmieden der Fall sein wird. Das nötige Wissen bezüglich der richtigen Behandlung des Hufes fehlt ihnen. Auch ist es unbequem, so manchem Reiter erklären zu müssen, dass das Pferd richtige Haltung braucht, in einem Offenstall, Bewegung über verschiedene Böden, damit es ohne Hufeisen reitbar ist. Um die Ecke wartet schon der nächste skrupellose Kollege, der – ohne viel zu fragen – das Pferd beschlagen wird. Die Angst, den Kunden zu verlieren, ist groß: »Wenn ich es nicht mache, dann macht es ein anderer.«

Um zu verdeutlichen, was dieses im schlimmsten Fall für dein Pferd bedeuten kann, werde ich die Arbeit eines Schmiedes hier zeigen. Und mach nicht den Fehler zu denken, dies muss die Arbeit eines Dilettanten sein. Ganz und gar nicht. Dieser Hufschmied ist sehr gefragt und hat den Ruf, ein sehr guter Hufschmied zu sein, der vielen Pferden auf die Beine »geholfen« hat. Und das Traurige ist, er ist tatsächlich der Beste in der weiten Umgebung. Andere sind für diesen Job noch weniger qualifiziert.

Das Pferd mit Eisen:

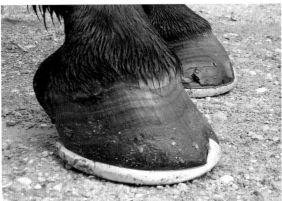 

Es muss erwähnt werden, dass der besagte Hufschmied das Pferd jahrelang so beschlagen hat (das Pferd war weder geritten noch anderweitig genutzt) und dass diese Hufwand seit Jahren nicht nachwachsen konnte wie auch das fehlende Stück vom Strahl – was aber bei einer solchen Behandlung überhaupt nicht verwunderlich ist. Vielmehr ist das eine direkte Konsequenz inkompetenter Hufbehandlung und fehlenden Wissens.

Nachdem das Pferd in die Behandlung kam, offenbarte sich das ganze Desaster um seine Hufe:

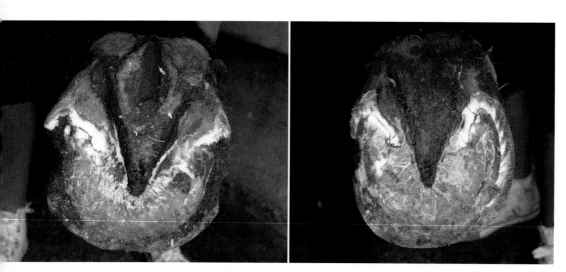

Ich möchte nicht unerwähnt lassen, dass der Hufschmied keine Mühe gescheut hat, mein Vorhaben, dieses Pferd vom Beschlag zu befreien, zu sabotieren, indem er dem Besitzer und allen, die es hören wollten, prophezeit hat, dieses Pferd werde niemals ohne Eisen gehen können, es werde lahm sein und sicherlich daran auch sterben. Die Leser mögen sich vorstellen, welche Überzeugungskraft vonnöten war, um diese verängstigten Menschen zu beruhigen, und nur durch die Übernahme gewisser Kosten war es überhaupt möglich, den Besitzer zu bewegen, uns zu vertrauen. Hiermit möchte ich ausdrücklich schildern, mit welchen Methoden beinahe jeder Hufschmied gearbeitet hat, wenn er in einer ähnlichen Situation war. Dabei geht es doch darum, dem Pferd zu helfen!

Nach der Befreiung von den Eisen und geeigneter Behandlung sahen diese Hufe so
aus:

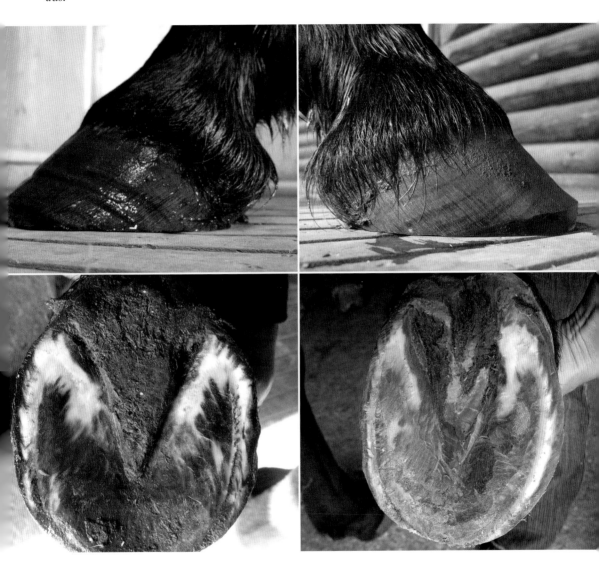

Foto (Abb. S. 127): Wie man sehr gut an den Fotos sehen kann, ist die Hufwand ohne Probleme nachgewachsen. Wenn der Hufmechanismus durch das korrekte Ausschneiden aktiviert wird, wird automatisch die Blutzirkulation verbessert. Dadurch kann das Gewebe besser (optimal) versorgt werden und dementsprechend gesund nachwachsen. Man kann sein Leben lang dem Pferd verschiedenes Mineralfutter für besseres Wachstum der Hufe füttern, man wird immer nur an der Oberfläche kratzen und die Symptome behandeln. Ursächlich hierfür sind der falsch behandelte Huf und die falsche Haltung, was meist Hand in Hand geht. Man kann auf dem Foto sehen, dass der rechte Vorderhuf sehr schief und falsch gewachsen ist. Der Strahl ist extrem unterentwickelt und ein Teil davon konnte nicht wachsen. Die Trachte ist unter den Strahl gewachsen/verrutscht. Man kann genau sehen, wie das Pferd geht, wo es den Huf »abrollt« und welch extremen Kontraktionen der Huf durch das jahrelange Beschlagen ausgesetzt war. Kannst du dir die Schmerzen vorstellen, die diese arme Stute zu erleiden hat? Dementsprechend sind auch alle Gelenke betroffen, da das Pferd seit seinem zweiten Lebensjahr (ein Baby noch) beschlagen und nun erst im Alter von 19 Jahren von den Eisen befreit wurde. Eine ganze Reihe von Problemen und Krankheiten (in einem solchen Fall unausweichlich Arthrose) sind die Folge einer solchen inkompetenten Behandlung.

Noch einmal zum direkten Vergleich:

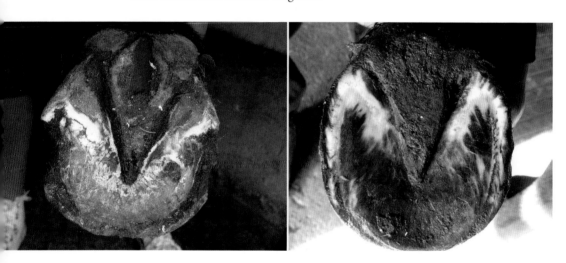

Das ist derselbe Huf!

Das linke Bild zeigt den Huf nach jahrelanger Behandlung durch den gleichen Hufschmied, welcher behauptet hat, die Hufwand könne nicht so schnell nachwachsen, weil die Hufe in schlechtem Zustand sind. Auf dem rechten Bild ist derselbe Huf nach korrekter Hufpflege zu sehen.

Was kannst du als Pferdebesitzer tun? Wie kannst du erkennen, dass dein Pferd Hufprobleme hat?

Als Erstes kannst du die Stellung deines Pferdes beobachten, am besten wenn es döst und nicht mit irgendetwas beschäftigt ist. Auf den folgenden Fotos sehen wir Pferde, die beschlagen sind, und du wirst bei den meisten dieser Pferde eine Schmerzposition erkennen.

Wie man sehen kann, stellen alle diese Pferde ihre Vorderbeine deutlich unter ihren Körper. Warum machen sie das? Das ist keine normale Körperstellung für das Pferd, es ist sogar eine sehr anstrengende und ungesunde Stellung!

Im Allgemeinen schneiden die Hufschmiede den Huf anders fürs Beschlagen, als wenn sie das Pferd barhuf gehen lassen würden. Die Trachten werden in der Regel sehr hoch belassen. Dann hebt der Hufschmied das Bein des Pferdes – in diesem Moment ist das Blut aus dem Huf zurückgepumpt und er zieht sich zusammen. Auf diesen Huf wird Beschlag genagelt (auf ein Organ!) und das Pferd muss darauf stehen. Jeder kann sich dieses erstmals unangenehme Gefühl vorstellen, wenn sich der Huf weiten möchte und dies nur minimal in den Trachten möglich ist.

Und dann kann das Blut nur minimal zurückfließen, wodurch die Durchblutung des Hufes sehr stark behindert ist. Die Zehen werden taub und das Pferd dort schmerzunempfindlicher.

Die Trachten sind aber zu hoch und drücken schmerzhaft auf das Weichgewebe in der Hufkapsel. Um dem Schmerz zu entgehen, stellen die Pferde die Beine unter den Körper und verlagern das Gewicht mehr auf die tauben Zehen. Der Schaden, der in dem Huf passiert, ist enorm. Das Pferd hat Schmerzen.

Man kann das sehr deutlich auf den folgenden Fotos sehen.

Diese Symptome finden sicht bei fast allen beschlagenen Pferden.
Manche Pferde werden so beschlagen, dass der ganze Huf taub wird.

Einige Pferde haben gebeugte Knie, weil die Muskeln durch diese unnatürliche,
schmerzvolle Position so erschöpft werden, dass die Pferde das Karpalgelenk nach
vorne verlagern. Bitte betrachte die Bilder gründlich und lerne die Schmerzsymptome der Pferde zu erkennen: die Stellung, der verkrampfte Körper, Stellung
der Beine, Schultern, Ohren und das komplette Bild. Auch das Gesicht des Pferdes
sagt sehr viel aus, wie das Gesicht des Pferdes auf den Fotos unten.

Fotos: *Bitte analysieren Sie genau das Gesicht des Pferdes.*

Sieh die Stellung der Ohren – »stumpfsinnige Ohren«: Das Pferd ist in sich gekehrt, hört in sich hinein, hat tiefe Löcher über den Augen, asymmetrische Nüstern, die einen starken Schmerz auf der einen Seite des Körpers zeigen, und ausgeprägte Blutgefäße (und das bei einem Pferd im Ruhezustand). Dieses Gesicht und die Augen zeigen den Schmerz sehr deutlich.

Der andere Punkt, an dem man sich orientieren kann, ist die Schulter des Pferdes. Durch die Stellung der Hufe und Gliedmaßen wird auch der Schulterwinkel bestimmt. Durch die Untersuchung könnte dokumentiert werden, dass die Schulter bei gesunden Pferden flacher ist als bei den Pferden, die beschlagen sind und dadurch Hufdeformationen entwickelt haben. Und auch, dass diese Pferde nach der korrekten Behandlung flachere Schulterwinkel aufwiesen und schmerzfrei wurden.

Der Schulterwinkel gesunder Pferde soll zwischen 45° und 55° aufweisen. Die Gliedmaßenknochen haben eine bestimmte Winkelung, welche durch Sehnen gehalten wird und welche den Schulterwinkel beeinflussen. In allen Anatomiebüchern steht der Hufbeinknochen bodenparallel, wie auch seine korrekte Stellung ist. Das heißt, wenn ein Pferd richtig steht, dann ist es entspannt und benötigt keine Muskelarbeit dafür. Und die Schulter hat dementsprechende Winkel.

Bei beschlagenen Pferden wie auch bei den Pferden mit falsch ausgeschnittenen Hufen ist die Schulter meist steiler. Die Muskeln leisten unnatürliche Arbeit und sind häufig verkrampft. Das ist oft zu sehen an den Muskeldellen, die sich auf der Haut bei Pferden in »entspannter« Stellung abzeichnen. Die Muskeln sind dann meist dementsprechend hart. Warum sollte ein Tier eine unphysiologische Stellung, die Kraft kostet, einnehmen, wenn nicht aus Schmerz?

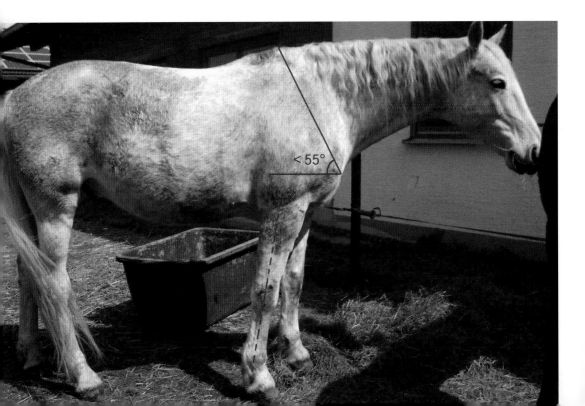

Vielleicht kann dein Hufschmied diese Frage beantworten? Und warum bei korrekter Hufpflege solche Probleme verschwinden? Wenn ja, schicke mir bitte unbedingt die Antwort. Und frage den Hufschmied, ob wir die Antwort unter seinem Namen veröffentlichen können.

Das ist die Stellung eines korrekt ausgeschnittenen Pferdes:

Diesen ersten Part möchte ich mit dem Wortwechsel mit einem Hufschmied abschließen. Er versuchte, im Beisein des Besitzers des Pferdes, das er gerade beschlagen hat, und durch mein Hinterfragen seine Arbeit zu rechtfertigen. Er sagte, dass die Pferde mit Beschlag besser laufen, mit solchen Hufen gar nicht barhuf gehen können und alle die anderen Argumente, die üblicherweise zu hören sind.

»Ja, der Beschlag ist so gut für das Pferd, so gut, dass alle Pferde beschlagen auf die Welt kommen. Die Natur ist so weise, sie gibt ihnen Beschlag auf die Hufe, weil sie ansonsten nicht laufen können«, sagte ich.

Er hat es eingesehen, wie unsinnig solche Behauptungen sind, und zugegeben, dass die Pferde natürlich auch barhuf gehen können. Und als sich die Pferdebesit-

zerin entfernt hat, sagte er mir sogar, dass er schon viele Male vorgeschlagen hat,
Pferde nicht zu beschlagen, weil das für sie besser wäre, aber die Besitzer wollten
reiten und keine Gründe hören, warum nicht beschlagen werden sollten.

Wir haben auch großartige Beispiele von Menschen, die als Hufschmiede ar-
beiteten und die Schäden durchs Beschlagen erkannten. Menschen, die sich für einen Weg FÜR das Pferd entschieden haben, die nun Verfechter von Barhuf sind,
wie zum Beispiel Ramey, Jackson, um nur einige zu nennen.

Lesenswert ist der Artikel des ehemaligen Hufschmieds John Graves: »Meine
Wandlung – Reise eines Hufschmieds zu der natürlichen Hufpflege«.

Er beschreibt seine Erfahrungen als Hufschmied, der den Weg zur natürlichen
Hufpflege gefunden hat, die ihm wiederum erst ermöglichte, den Pferden wirklich
zu helfen. Er sagt:

»Der Schmerz und die Leiden, welche ich gesehen habe, die die Pferde durch
die ›gut gemeinte‹ übliche Hufpflege zu erleiden haben, muss beendet werden.

Ich weiß, warum die Hufschmiede tun, was sie tun, und warum die Tierärzte
anordnen, was sie anordnen. Ich bin auch die gleichen Methoden und Glaubens-
systeme gelehrt worden. Für manche ist es Ignoranz bezüglich des Hufmechanismus
und der Physiologie. Für die anderen ist es die Sicherheit des Arbeitsplatzes und fi-
nanzielle Notwendigkeit. Für manche ist es sicherlich auch die Sucht nach dem Metall – sie müssen die Befriedigung bekommen, eine Arbeit auszuüben, die sehr alt
und schwierig ist. Fast alle Hufschmiede werden Ihnen sagen ›es geht ums Pferd‹
und irgendeinen Punkt in der Diskussion über das, was sie eigentlich tun. Manche
glauben das sogar. Für andere ist das nur Lippenbekenntnis. Sie alle glauben, ihr
altehrwürdiger Beruf ist ein nobles, ehrliches Unterfangen. Und das wäre auch richtig, wenn er nicht auf dem Grundstein von falschen Informationen stehen würde,
die Tausende Jahre alt sind.

Wenn mich die Pferdebesitzer fragen, warum ich glaube, dass es falsch ist Pferde
zu beschlagen, dann sage ich ihnen, dass der Beschlag für Pferde erfunden worden
ist, als die Menschen glaubten, dass die Erde flach ist und das Zentrum des Univer-
sums.«

»Wenn Sie einen Fachmann haben, welcher die Hufe korrekt ausschneiden kann,
dann werden Ihre Pferde das können, was sie von Natur aus perfekt können – nämlich problemlos über jeden Boden gehen.«

Dr. Hiltrud Straßer

Der Huf ist ein Meisterwerk der Natur, er passt sich jedem Boden an, wenn er die Gelegenheit bekommt, regelmäßig auf solchem zu laufen.

Und sei dir sicher, ein solcher Hufschmied, der bereit ist, dein Pferd zu beschlagen, hat kein ausreichendes Wissen! Ob du die Gesundheit deines Pferdes einer solchen Person anvertrauen möchtest, überlasse ich dir.

Es wird eventuell noch mehr wütende Pferdebesitzer geben, wenn sie herausfinden, was mit ihren Pferden gemacht wurde und wie Hufschmiede bisher ihre Pferde krank gemacht haben. Um ehrlich zu sein, mich hat es sehr wütend gemacht, als ich dieses Wissen für mich entdeckt habe und begriff, was man meiner Stute angetan hat. Sie ging fühlig über Schotter beim Ausreiten und der Hufschmied sagte: »Jedes Pferd geht besser mit Eisen.« Also dachte ich damals, das ist doch die Lösung! Und ich ließ meine Stute zum ersten Mal in ihrem Leben mit etwa fünf oder sechs Jahren beschlagen. Im Stall bewunderten alle ihre neue »Schuhe«. Wie gedankenlos nur die Menschen sind! Wie sie nur dem folgen, was alle anderen machen. Und wie sie sich freuen, wenn andere das machen wie sie selbst auch (der Herde folgen). Die Menschen sind erzogen worden, den Autoritäten zu vertrauen. Blind.

Zum Glück kamen die Eisen nach acht Wochen wieder ab und ich beschloss damals (ich weiß eigentlich gar nicht mehr warum), sie nicht mehr beschlagen zu lassen. Ich glaube, etwas an diesen Hufeisen war störend, es war ein Fremdkörper, es hatte an ihrem Körper nichts zu suchen. Es fühlte sich nicht gut an. Jetzt weiß ich warum.

Ich denke, die Hufschmiede können nicht viel dafür. Sie haben eine Ausbildung absolviert, in der veraltetes Wissen gelehrt wurde. Man hat ihnen beigebracht, Nägel in ein Organ hineinzuschlagen, um mechanisch den Huf zu formen. Ein Organ!

Sie wissen nicht einmal, dass der Huf ein Organ ist. Ein Hufschmied, der einen unserer Vorträge besucht hat, sagte: »In meiner ganzen Ausbildung habe ich nicht so viel über die Hufe gelernt wie in den letzten vier Stunden.«

Die meisten Hufschmiede wissen nicht, was sie tun. Das wird man immer wieder feststellen. Ich fragte einmal eine Hufschmiedin (welche sich zum Glück für Barhuf eingesetzt hat), was genau sie macht und welche Auswirkungen dieses auf den Huf hat. Sie antwortete:

»Also hier, bei dieser Welle auf dem Huf … da ist der Huf zu. Ich habe jetzt den Huf ausgeschnitten, man weiß natürlich nicht, was drin passiert.«

Was für eine wissenschaftliche Erklärung, nicht wahr?

Ich fragte mich, wenn sie nicht weiß, was in dem Huf aufgrund ihrer Manipulation
passiert, wieso darf sie den Huf ausschneiden? Wie wagt man etwas zu tun, von
dem man nicht weiß, was passieren wird? Das ist doch ein Lebewesen! Ein Mensch,
der dieses Wissen besitzt, wird ganz genau sagen können, was in dem Huf vonstat-
tengeht! Die Antwort ist einfach irrsinnig. Dieses Unwissen wird aber nur so deutlich, wenn man selbst (zumindest ungefähr) weiß, wie der Huf funktioniert. Wenn
man sich länger damit beschäftigt und die Hufe selbst bearbeitet oder im engen
Kontakt mit Fachpersonen steht, dann steigt mit der Erfahrung auch der Blick.
Dann kann man schon durch genaues Hinsehen erkennen, wie die Knochen aufgrund der Position im Huf stehen. Man weiß dann genau, was in dem Huf passiert
und an welchen Stellen es Probleme gibt – und man kann dieses an der Hufsohle
»ablesen«. Das dient sozusagen der eigenen Überprüfung. Röntgenaufnahmen, die
man eventuell machen lässt, können dies noch einmal bestätigen. Genauso können
Bluttests Änderungen im Körper dokumentieren, die aus einer richtigen Hufpflege
resultieren.

Ich denke, jeder Pferdebesitzer sollte sich mit diesem Thema auseinandersetzen und
die Zusammenhänge in dem Huf verstehen lernen. Nur so werden wir in der Lage
sein, eine einheitliche Regelung diesbezüglich zu finden und alle diese mittel-
alterlichen Gerüchte und Lehren um die Hufe zu beseitigen. In vielen Ländern ist
die Hufschmiedelobby sehr stark, denn das Beschlagen der Pferde ist ein gutes Ge-
schäft! Dann ist es besonders schwer, die Ideen über die gesunden Hufe durchzusetzen, denn das erfordert Mut und die Aufklärung der Pferdebesitzer. Aber es
erfordert auch die richtige Haltung der Pferde. Wenn ich mir jetzt vorstelle, dass einer der Hufschmiede in den Stall kommt, in dem meine Stute am Anfang unterge-
bracht war, und die Haltung bemängelt hätte, wäre er wahrscheinlich dort nicht
mehr willkommen. Also bleibt es in der Macht der Pferdebesitzer, sich dieses Wissen
oder wenigstens die Grundlagen anzueignen, damit man eine objektive Einschät-
zung treffen kann. Ich freue mich sehr über alle ehemaligen Hufschmiede, die die
Größe und den Anstand haben, die Fehler, die gemacht wurden, zuzugeben und
anfangen, für das Wohl der Pferde zu arbeiten. ❧

VIII.
Warum wenden die Veterinäre das vorhandene Wissen nicht an?

Es GIBT einige Aspekte, auf die ich in Hinblick auf die Veterinärmedizin und die Huf-Problematik eingehen möchte. Wenn man anfängt, sich mit dieser Thematik eingehender auseinanderzusetzen, dann möchte man auch mehr wissen als das, was einem immer erzählt wird (unabhängig von dem Experten, der spricht). Und wenn man alle Zusammenhänge begreifen möchte, dann kommt man nicht umhin, die Anatomiebücher zu öffnen und zu lernen. Ich war sehr erstaunt zu sehen, dass in vielen Anatomiebüchern, aus denen unsere Tierärzte lernen, tatsächlich beschlagene Hufe abgebildet sind. Nach vielen Monaten des Studierens hat mich gar nicht mehr gewundert, wie wenig Wissen über die Hufe in diesen Fachbüchern vorhanden ist und woher die falschen Behandlungen oder Empfehlungen kommen.

– Erstens steht in diesen Büchern einiges, was man als veraltetes Wissen einstufen könnte.
– Zweitens lernen die angehenden Tierärzte nicht das Ausschneiden eines Hufs oder das Erkennen von Zusammenhängen im Huf und der daraus resultierenden Auswirkungen auf den gesamten Organismus des Pferdes.
– Und drittens fehlt ihnen die praktische Bearbeitung des Hufs, um diese Zusammenhänge selber erkennen zu können.

139

Hier können wir ein paar Beispiele sehen, mit welchen Abbildungen die Tierärzte unterrichtet werden.

Atlas der *Anatomie des Pferdes – Lehrbuch für Tierärzte und Studierende*, Klaus-Dieter Budras, Sabine Röck, 2004, Schlütersche Verlagsgesellschaft mbH Co. KG:

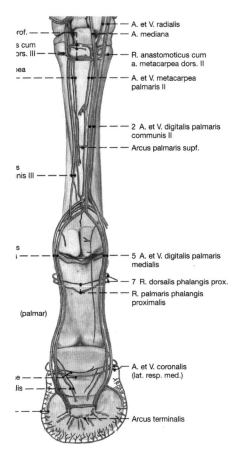

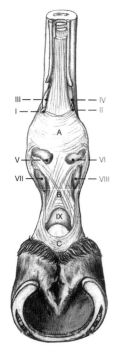

gesehne (I + II) und beiderseits des M. interosseu
Zwei obere Seitenblindsäcke liegen beiderseits zw
band und den proximalen Zipfeln (V + VI), und
blindsäcke (VII + VIII) befinden sich zwischen de
distalen Zipfeln der vierzipfeligen Fesselplatte
Blindsack liegt zwischen den distalen Zipfeln der
selplatte und der Sohlenbinde. (Die Blindsäcke
einer Sonde lokalisiert.)

Studenten der Tiermedizin, zukünftige Pferdeexperten, lernen die Anatomie des Pferdekörpers von Bildern mit beschlagenen Hufen.

In vielen tierärztlichen Büchern findet man solche Abbildungen und wenn man weiß, welcher Schaden durch den Beschlag verursacht wird, dann ist diese Tatsache schwer nachvollziehbar. Teilweise zeigt man in diesen Abbildungen einen Längsschnitt durch den beschlagenen Huf mit schematischer Darstellung des Hufbeinträgers. Das Eisen wird als ein Teil des Hufes präsentiert.

Ist es nicht sehr merkwürdig, dass die Tierärzte die Anatomie des Hufs von solchen Abbildungen lernen? Warum ist das so?

Ist das vielleicht gewollt? Damit für sie der Anblick des beschlagenen Hufes normal wird? Damit sie gar keine Fragen diesbezüglich stellen? Wenn sie schon mit Hufeisen abgebildet werden, dann müssen doch die Pferde so zur Welt kommen oder?

Ich formuliere es etwas überspitzt, aber so weit hergeholt ist das nicht, weil wir in unserem System insgesamt so erzogen worden sind, dass wir möglichst wenig oder überhaupt nichts hinterfragen. Insbesondere wenn wir viele Jahre in solchen strikten Schulsystemen verbracht haben, tendieren wir eher zum Gehorchen und zum Folgen. Dass wir wiederholen, was man uns sagt. Und dafür werden wir mit guten Noten belohnt. Nicht fürs Widersprechen oder Hinterfragen. Schon gar nicht fürs Hinterfragen unserer Autoritäten. Welcher Student wird sich schon mit seinem Professor anlegen? Das ganze Lehrmaterial, mit dem auch sein Professor gelernt hat, infrage stellen?! (Die Autorin spricht aus eigener Erfahrung.) Nach den vielfältigen Erfahrungen mit vielen Pferden und unzähligen Tierärzten kam ich dazu, mir alle diese Fragen zu stellen.

Es ist doch so, dass uns etwas beigebracht wird, das nur einem Zweck dient: den Status quo zu erhalten und für die Machenschaften von Leuten zu arbeiten, die nur eines im Sinn haben – das Geld. Aber eines sicher nicht: dem Pferd zu helfen. Das wird sogar deutlicher, wenn man sich die Behandlungsmethoden, die in diesen Büchern gelehrt werden, anschaut.

Den Lesern sollte bisher klar geworden sein, wie schädlich Hufeisen für die Hufe des Pferdes sind und wie weit sie in den ganzen Körper des Pferdes eingreifen. Aber was lernen die Tierärzte darüber? Nun, sie lernen etwas über »orthopädischen« Hufbeschlag und sie lernen, wie man damit den Huf in die eine oder andere Form zwingt, als ob das ein gebogenes Stück Metall wäre, das man dann »richten« soll, und damit versuchen sie, mechanisch dieses Organ zu »reparieren«. Sprich sie behandeln die Symptome, aber haben überhaupt kein Wissen, wie man zur Heilung verhilft.

141

Ich nenne ein paar Beispiele aus diesen Büchern, um dem Leser eine Orientierung zu geben, was hier vor sich geht.

Nehmen wir als Beispiel Hufgelenkarthrose.

Bild-Text-Atlas zur *Anatomie und Klinik des Pferdes, Band I: Bewegungsapparat und Lahmheiten*, Riegel, Hakola, 2006, Schlütersche Verlagsgesellschaft mbH Co. KG:

»Die Hufgelenkarthrose tritt bei allen Pferderassen auf, besonders häufig jedoch bei Springpferden, bei Pferden, die regelmäßig in mehrtägigen Veranstaltungen eingesetzt werden, sowie bei Westernpferden. Auch Trabrennpferde scheinen eine Prädisposition für diese Erkrankung zu besitzen.«

Nun, wenn ich so etwas lese – auch wenn ich kein großartiges Wissen über die Materie besitze – würde mir als Erstes auffallen, dass dies alles die Pferde sind, die von dem Menschen im sogenannten Pferdesport eingesetzt werden. Also käme ich auf die Idee, dass es vielleicht daran liegt, und dann würde ich dem nachgehen und feststellen, dass sich dieses bestätigt. Also würde ich dann zu der Erkenntnis kommen, dass die Pferde in diesem sogenannten »Sport« oder bei ähnlicher Benutzung leiden, und würde als erste Behandlung vorschlagen, die Haltung und Benutzung des Pferdes zu ändern. Ich hoffe, die Leser gehen mit mir mit. Es ist ja nicht so schwer zu verstehen.

Wirklich nicht?

Für die Professoren, die Lehrbücher schreiben und die Tierärzte lehren, anscheinend schon. Schauen wir einmal, was sie so als Behandlung anbieten:

Behandlung

»Der wichtigste Aspekt der Behandlung dieser Pferde ist die Art und Weise des Hufbeschlages. Das Pferd sollte relativ kurz mit Zehenrichtung beschlagen werden, um das Abrollen während des Schrittes zu erleichtern. Die physiologische Zehenachse sollte wiederhergestellt werden, um eine übermäßige Dorsalflexion des Hufgelenkes zu vermeiden.

Therapeutisch hilfreich ist eine systematische Behandlung mit polysulfatierten Glykosaminoglykanen oder Natriumhyaluronat.

(…)

In chronischen Fällen ist eine chirurgische Arthrodese des Hufgelenkes im Allgemeinen nicht als günstige Behandlungsoption zu betrachten. Die einzig sinnvolle chirurgische Methode ist die hohe Neurektomie der den Huf versorgenden Nerven.

Die wesentliche Komplikation dieses Verfahrens ist jedoch die Tatsache, dass der Patient in der Regel die Sensibilität des gesamten Hufes vollständig verliert.«

Wie bitte?

Also anstatt dem Pferd in der Heilung zu helfen, die Ursachen des Problems (noch offensichtliche dazu) zu erkennen, schlägt man vor, das arme Pferd anders zu beschlagen und damit aus ihm einen ewigen Patienten zu machen! Damit dann die Stufe zwei der »Behandlung« angewandt werden kann, den Patienten mit chemischen Präparaten der Pharmaindustrie vollzupumpen, und wenn das dann nicht hilft (wie kann es das auch), dann bleibt dem armen Tierarzt nichts anderes übrig, als an dem Pferd chirurgisch zu spielen, auch wenn dieses bedauerlicherweise zum Verlust jeglichen Gefühls im Huf führt. Aber man hat schließlich alles gemacht, was in tiermedizinischer Macht steht.

Ich weiß nicht, wie es den Lesern geht, aber ich habe Schwierigkeiten dieses zu verstehen.

Die Tierärzte werden nicht gelehrt, dein Pferd zu heilen, und sie werden nicht gelehrt, die Zusammenhänge zwischen gesundheitlichen Schäden und dem Benutzen der Pferde zu erkennen. Aber warum nicht? Oder erkennen sie die Zusammenhänge sehr wohl, aber handeln aus unethischen Gründen? Der Titel dieses Kapitels lautet: Warum wenden die Tierärzte das vorhandene Wissen nicht an? Anscheinend, weil sie dieses Wissen nicht vermittelt bekommen. Einige haben zugegeben, dass sie sich vieler Schäden bewusst sind, welche durch den sogenannten Sport an den Pferden verursacht werden, aber auch der Schäden, die Freizeitreiter an ihren Pferden verursachen. Im weiteren Verlauf dieses Buches werden wir sehen, dass es sehr wohl herausragende Tierärzte gibt, welche sich unermüdlich für die Pferde einsetzen. Wir werden auch erfahren, dass es sehr wohl Studenten der Tiermedizin gibt, die die übliche Benutzung der Pferde im sogenannten Pferdesport hinterfragen, aber als Antwort aus ihren Lehrbüchern bekommen, dass dies »normale Benutzungserscheinungen sind«. Der Fairness halber sollte man erwähnen, dass der eine oder andere Tierarzt und sogar Hufschmied Ruhe für das Pferd verordnet, nur um es ein wenig vor seinem Reiter oder seiner Reiterin zu schonen.

Wenn man sich die Werbung in diesen Büchern ansieht und wer solche Studien und Lehrmaterial finanziert … ihr dürft raten: genau, Pferde-»Sport«, Industrie und Pharmakonzerne!

ERKENNE DICH SELBST: *Glaube nicht etwas, nur weil es in einem Buch steht, hinterfrage und erfahre selbst. Scheue dich nicht, Fragen zu stellen, auch gegenüber deinem Tierarzt. Wie bitte?*

Die Pferdebesitzer beschäftigen sich nicht damit und da sehe ich das eigentliche Problem. Sie trauen sich nicht zu, selbst Zeit und Energie für das Studium der Zusammenhänge aufzubringen. Stattdessen setzen sie darauf Spezialisten heranzuziehen, um das Pferd wieder zum Laufen zu bewegen. Das Abgeben der eigenen Verantwortung an Spezialisten ist eine Erscheinung unserer schnellen, reizüberfluteten Zeit. Es wird geglaubt, der Spezialist behebe das Problem – was immer es ist – von Grund auf und ein für alle Mal. Deshalb sind viele Pferdebesitzer bereit alles zu glauben, was man ihnen erzählt – solange man es gut verpacken und verkaufen kann, glauben sie alles. Wer nicht weiß, muss glauben!

Es ist erschreckend festzustellen, dass es Menschen gibt, die das Vertrauen der gutgläubigen Mitmenschen so missbrauchen. Dieses hat auch seine Gründe, aber das ist hier nicht das Thema. Ich kann dir, liebe/r Leser/in, versichern, in diesen Büchern findest du durchgehend solche Beispiele. Wie zum Beispiel Mauke. Es wird dort wieder beschrieben, dass diese sehr oft bei den Trabern auftritt. Wenn das Pferd schwitzt, dann sammeln sich Staub und Schmutz in der feuchten Fesselbeuge an. Sie stellen es so dar, dass dadurch die Mauke entsteht, und verbinden sie mit feuchter Umgebung, schlammigen Koppeln und so weiter. Und als Behandlung lernen die Tierärzte das Empfehlen von Stallhygiene. Sie »bekämpfen« die Infektion mit Salben oder anderen chemischen Mitteln und oft werden sogar Antibiotika und Antimykotika mit Kortison kombiniert, um die Schwellung zurückzudrängen. Wahnsinn!

Sie bandagieren das Pferd, verordnen vielleicht Ruhe und andere Maßnahmen.

Wir aber machen die Erfahrung: Sobald das Pferd richtig ausgeschnitten ist und damit die Blutzirkulation verbessert wird, verschwindet die Mauke!

Wie erklären sich das die Mediziner?

Dazu ein Beispiel aus der Praxis. Wenn die Mauke mit feuchter Umgebung oder den schlammigen Koppeln zu tun hätte, dann dürfte diese Krankheit in der Puszta in Ungarn unbekannt sein, oder? Dort gibt es nämlich nur Prärie und Sand, manchmal regnet es monatelang nicht.

Ich hatte die Gelegenheit, eine Stute hautnah über einen langen Zeitraum zu beobachten, die ab und zu Mauke hatte. Und zwar entwickelte sie diese immer dann, wenn ihre Hufe nicht regelmäßig fachmännisch ausgeschnitten wurden. Man muss natürlich erwähnen, dass sie pathologische Hufe hatte und damit verbundene metabolische Störungen. Aber sobald man ihre Hufe richtig behandelt hatte, wurde die Blutzirkulation automatisch verbessert und die Giftstoffe konnten besser aus dem Körper abtransportiert werden. Damit verschwand auch die Mauke. Also sehen wir hier den direkten Zusammenhang.

Viele Fragen bleiben offen und ich kann sie nicht beantworten. Ich fragte namhafte Wissenschaftler, wie man dieses erklären kann. Dr. Robert Cook, Professor of Surgery Emeritus, Cummings School of Veterinary Medicine, Tufts University, USA, hat für dieses Buch eine Antwort geschrieben. Es freut mich ungemein, dass ein solcher herausragender Wissenschaftler eine klare Stellung für das Wohl der Pferde bezieht.

Warum wenden die Veterinäre das vorhandene Wissen nicht an?
Robert Cook

In den letzten 12 Jahren haben unzählige Reiter gelernt, dass Reiten mit Gebissen und Beschlagen der Pferde schlecht für die Pferde ist, und haben zu Barhuf und gebissloser Zäumung gewechselt. Die eisenfreie »humane horsemanship« ist jetzt eine etablierte weltweite Bewegung. Und trotzdem, wie es scheint, hat die Tierärzteschaft als ein gesellschaftliches Organ diese fundamentale Veränderung als Vormarsch für das Wohl nicht bemerkt. Zum ersten Mal in 5000 Jahren hat eine radikale Reform in der Beziehung des Menschen zum Pferd stattgefunden.

Es ist nicht möglich, die tatsächlichen Prozentsätze von Reitern und Tierärzten zu vergleichen, die jetzt das unterstützen, was nunmehr Natural Horsemanship heißt. Doch der deutliche Eindruck ist, dass Tierärzte in den beiden Themen hinterherhinken, und einige sind aktiv resistent. Das ist seltsam, weil einzelne Tierärzte Pioniere auf beiden Gebieten waren. Mit vielen Büchern hat Dr. Hiltrud Straßer die tierärztliche Anklage gegen das Beschlagen der Pferde geführt und mit einem Buch und vielen Artikeln scheine ich das Gleiche gegen die Gebisse getan zu haben. Doch in vielen Teilen der Welt ist es unwahrscheinlich, dass der örtliche Tierarzt die Person ist, die ein Pferdebesitzer um Rat fragen wird, wenn er Unterstützung und Beratung im Rahmen dieser Bewegung sucht.

Maksida Vogt hat mich eingeladen, diesen Zustand zu diskutieren.

Wenn die Prämisse wahr ist und Tierärzte wirklich von sich aus ein verfügbares Wissen nicht anwenden, ist dieses Phänomen nicht nur allein für den tierärztlichen Berufsstand gültig. Es ist auch in der Ärzteschaft bekannt und in der Tat in allen Lebensbereichen. Die Evolution des Menschen hat in uns eine natürliche Neigung entwickelt, sich der Veränderung und den neuen Ideen zu verweigern. Die Gabel kann in der Zeit der griechischen Antike oder noch früher erfunden worden sein, aber sie kam in Nordeuropa nicht in den Gebrauch bis zum 18. Jahrhundert. Und noch einmal hundert Jahre vergingen, bevor man sie in Nordamerika benutzte. Es gibt immer eine Verzögerung zwischen Forschung, die veröffentlicht wird – den Beweisen, die von anderen unter die Lupe genommen werden – und den Experimenten, die wiederholt werden, um zu sehen, ob die gleichen Ergebnisse erzielt werden – und dann wird die Forschung angewandt.

Es ist notwendig, dass die Wissenschaftler alle neuen Ideen einer gesunden Skepsis unterwerfen. Das ist gut für die Wissenschaft, lichtet die Schwachstellen in jeder Arbeit und der Forscher selbst sollte dankbar sein, wenn sein Gedankengut immer wieder infrage gestellt wird. Es gibt nichts, was für einen Forscher mehr von Nutzen wäre, als gültige Antworten der suchenden Kritik zu liefern. Die Wissenschaft schreitet voran durch einen Prozess der Uneinigkeit. Die fehlende Falsifizierung einer Hypothese ist der gültige Beweis für ihre Validität. Also ja, eine Verzögerung ist akzeptabel. Forschung, die von einer Einzelperson abgeschlossen ist, ist nicht dasselbe wie »verfügbares Wissen« für einen Beruf. Es bleibt die Frage, wie lange sollte diese Verzögerung dauern?

Mehr als ein Jahrzehnt ist vergangen, seitdem das belastende Material über den Beschlag und die Gebisse erstmals veröffentlicht wurde. Es gab genügend Zeit für Tierärzte, Widerlegungen zu veröffentlichen – aber keine sind erschienen. Hufspezialisten können versuchen, sich mit der Begründung zu entschuldigen, dass Straßers Forschung in den wissenschaftlichen Zeitschriften nicht veröffentlicht worden ist. Doch Straßer hat ihre Arbeit für das Studium auf andere Weise zur Verfügung gestellt, sodass diese Entschuldigung nicht akzeptabel ist. Wenn Besitzer von Pferden ihre Arbeit lesen, ihre Prinzipien verstehen und in der Praxis erfolgreich anwenden können, sollte bei jedem Fachmann auf dem Gebiet eine intensive Neugier geweckt werden.

Es ist traurig, aber es wäre richtiger zu sagen, dass Straßers Arbeit in der Mainstream-Literatur über die Hufe bewusst übersehen wurde und selten zitiert wird. Unfähig, ihre Arbeit zu widerlegen, scheint es, dass es einfacher war, so zu tun, als wäre sie nicht existent. Straßers unbequeme Erkenntnisse erfordern von anderen Forschern, viele zu lang gehegte Überzeugungen aufzugeben. Der Widerstand der Forscher, die zögern, eine favorisierte Hypothese, in deren Verfolgung sie Jahre investiert haben, aufzugeben, ist eine bekannte Situation: *sunk-cost fallacy*. (Das bedeutet, dass jemand, der sehr viel in etwas investiert hat, zu dem Schluss kommt:

Ich kann jetzt nicht mehr aufhören, ansonsten verliere ich alles, was ich bisher gemacht oder investiert habe.)

Meine Gebiss-Forschung (Forschung über die Gebisse, Zäumung mit Eisenstück) war in den wissenschaftlichen Zeitschriften und an anderen Stellen veröffentlicht worden. Auch diese wurde mit einem majestätischen Schweigen von denen empfangen, die die vielen Erkrankungen und Verhaltensstörungen erforschen, deren Ursache ich beim Anwenden des Gebisses angebe. Wieder einmal versagt der Beruf des Tierarztes, dieses Wissen zu verbreiten, auch wenn die meisten Reiter die gebisslos reiten, keinerlei Schwierigkeiten bei der Anwendung und Prüfung dieser Informationen hatten.

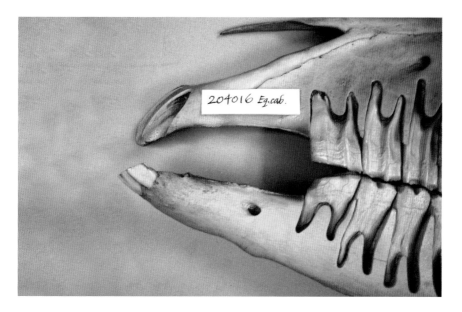

Foto: Die Erosion des ersten Backenzahns im Unterkiefer. Das Pferd hat sich gegen das Gebiss gewehrt und es mit den Zähnen festgehalten, um dem Schmerz zu entgehen. Die Kanten des Knochens, auf dem das Gebiss liegt, sind sehr scharf.

Es wäre einfacher, den Widerstand der Tierärzte gegen die Tatsache, dass Beschlag und Gebisse ungesund für das Pferd sind, zu verstehen, wenn keine vertret-

baren Alternativen zur Verfügung stünden. Wenn dem so wäre, wäre es für Pferdepraktiker möglich, das alte vertraute Mantra der traditionellen Reitkunst zu wiederholen, dass Beschlag und Gebisse ein »notwendiges Übel« sind. Aber Barhuf-
Management ist unendlich viel besser als der Schaden, den der Beschlag dem Huf
und dem ganzen Pferdekörper zufügt. Zwei wichtige Faktoren, die zur Hufrehe und
zur Hufrollenerkrankung führen, sind das Beschlagen und das Halten der Pferde in
den Ställen. Das sind zwei Gründe für das vorzeitige Ende und den Tod der Pferde
und sie können dank der Straßer-Arbeit größtenteils vermieden werden.

*Foto: Zwei Stahlstangen, eine Kette (mandatiert von der FEI) und ein »erlaubtes« Na-
senband: Zu den Problemen gehören Hyperflexion, gestreckte Lippe und offener Mund
(Einlassen von Luft in die Rückseite der Kehle, Erheben des weichen Gaumens). Zur
Ergänzung der durch die Hyperflexion verursachten Behinderung der Atemwege kommen schwere Spannung auf beiden Zügeln, Protrusion der Zunge und grober Speichelfluss hinzu. Wie würden Sie sich fühlen, wenn Ihr Zahnarzt so etwas in ihren Mund
legen würde und den Kopf 30 Minuten mit Druck geschlossen halten würde?*

Ebenso ist die gebisslose Zäumung unendlich besser als der Schaden, den das Gebiss dem Maul und fast dem ganzen körperlichen System zufügt. Es bietet eine humane, physiologisch verträgliche, effektivere und sicherere Alternative zur Trense. Sie ist anwendbar auf alle Arten und Alter der Pferde, für Reiter jedes Spektrums an Erfahrungen und auf alle Disziplinen. Man hätte erwarten können, dass die Tierärzte das einfache Equipment begrüßen würden, das über 100 Verhaltensstörungen und mehr als 40 Krankheiten heilt. Es ist besonders rätselhaft, wenn so viele von diesen Krankheiten – in der Mainstream-Literatur – als Erkrankungen mit unbekannter Ursache eingestuft werden.

Foto: Ein Querschnitt durch den Kiefer. Die roten Kugeln repräsentieren die Lage der sensorischen (Trigeminus-)Nerven. Der Kieferknochen stammt von einem Pferd mit überdurchschnittlicher Größe und ist doch im Querschnitt kleiner als ein Halbschnitt durch ein Standard-Hühnerei. Seit der Bronzezeit hat der Mensch seine größte Kraft auf diese Schneide empfindlicher Knochen konzentriert, nur mit einer dünnen Schicht von Zahnfleisch bedeckt. Aber Zahnfleisch ist ein integraler Bestandteil des Knochens, sodass eine Beschädigung des Zahnfleisches auch Schaden am Knochen bedeutet.

Weil die Beseitigung der Ursache eine grundlegende Voraussetzung jeder Behandlung ist, ist es nicht verwunderlich, dass diese Krankheiten notorisch resistent gegen alle sogenannten Behandlungen sind. Wie könnte es anders sein, wenn die Ursache nicht erkannt und daher nicht entfernt werden kann? Inbegriffen in der Liste sind die allgemeinen und wiederholt auftretenden Verletzungen, Trigeminusneuralgie (das Headshaking-Syndrom), dorsale Verlagerung des weichen Gaumens und Blutungen in der Lunge.

Eine teilweise Erklärung für das Scheitern der Anwendung des verfügbaren Wissens im Falle von dorsaler Verlagerung des weichen Gaumens und Blutungen in der Lunge bei Rennpferden ist, dass derzeit die gebisslose Zäumung im Rennsport nicht zugelassen ist und daher die entsprechende Anwendung nicht getestet werden kann. Die Regeln einer Disziplin können sowohl Ursache als auch Verhinderung einer Krankheit sein. Die Administratoren dieser Sportarten sind dafür verantwortlich.

Es sind nicht nur Administratoren, die schuldig sind. Wenn ich die Krankheiten der Hauspferde anschaue und deren Ursache suche, ist die Antwort – die ich verpflichtet bin mir einzugestehen – eine demütigende, nämlich dass die Ursache der meisten Krankheiten letztlich in der Abweichung von der artgerechten Lebensweise für die Pferde und der Zucht zu finden ist. Anders ausgedrückt ist es die Domestikation selbst, die Krankheiten verursacht. Noch unverblümter ausgedrückt: Die Ursache ist Missmanagement und wir, *Homo sapiens*, sind die Manager. Viele Krankheiten des Pferdes werden durch das Beschlagen und die Verwendung von Gebissen verursacht, aber fast jede Krankheit wurde durch den Menschen produziert. Je weniger unsere Verwaltung von dem Modell des Wildpferdes abweicht, desto gesünder werden unsere Pferde sein.

Ich hoffe, dass ich falsch liege, aber meines Wissens gibt es keine tierärztliche Hochschule in der Welt, in der gelehrt wird, dass Beschlag und Gebisse schlecht für Pferde sind. Woran liegt das? Nun, die Lehrer sind beides, Forscher und Klinikärzte. Mit bemerkenswerten, aber wenigen Ausnahmen sind tierärztliche Schulen die einzigen Orte, an denen Pferdeforschung stattfindet. Wenn die Forscher nicht davon überzeugt sind, dass Hufbeschlag und Gebisse unvereinbar mit Pferde-Gesundheit und dem Wohlbefinden sind, werden sie dies nicht im Hörsaal lehren, und es wird sich auch nicht in ihrer klinischen Arbeit in der Pferdeklinik widerspiegeln. Als Ergebnis wird jede nachfolgende Generation von Studenten ihren Abschluss machen, ohne in die Renaissance in der Pferdewelt, die seit dem Jahr 2000 stattgefunden hat, eingeführt worden zu sein.

Nach Abschluss werden die Praktizierenden immer noch nicht vollständig an die Realitäten der Renaissance herangeführt, weil die Konferenzen und Fortbildungen eben von diesen Forschern stark abhängig sind. Eine Überprüfung der Konferenzbeiträge und anderer Weiterbildungsangebote in den letzten zehn Jahren wird es versäumen, eine merkliche Verschiebung der Inhalte in Richtung Humane Horsemanship zu zeigen. »Barhuf« und »Gebisslos« sind keine Worte, die in den Titeln der Präsentationen erscheinen.

Der Präsentationsinhalt in den Publikationen ist weitgehend auch der Inhalt der Fachpferdezeitschriften für die Veterinäre; deren Beurteiler bestehen meist aus etablierten, aber nicht überzeugten Forschern. Dies stellt ein Problem in den Peer-Reviews von »unorthodoxen« Artikeln dar, weil die *sunk-cost fallacy* zu einem Hindernis für die Akzeptanz der Arbeit wird, die nicht im Einklang mit der gängigen Meinung der Zeit ist. Um dies zu überwinden, wurde vorgeschlagen, dass Gutachter eine Vergabe von Leistungspunkten ermöglichen sollten für den Grad, zu dem eines Forschers Artikel die konventionellen Überzeugungen stört.

Die größte und oft die einzige Belohnung für einen Forscher ist die Priorität der Zuschreibung für die Entdeckung. Dr. Straßer hat viele legitime Ansprüche auf Priorität der Zuschreibung für die Anerkennung der mehrfachen Erkrankungen und Mängel, die durch Beschlagen verursacht sind. Eine Annerkennung dieser kann sich in dieser Profession verzögern. Es hat einen Paradigmenwechsel im Denken über Hufbeschlag und Gebisse in den letzten zwölf Jahren gegeben, aber die tierärztliche »Niederlassung« hat noch nicht ihre Richtung geändert. Hufbeschlag war »gängige Praxis« für etwa 1000 Jahre und die Gebisse für etwa 5000 Jahre. Tierärztliche Schulen sind »große Schiffe« und sie nehmen sich Zeit für einen Kurswechsel. »Wenn Sie heute lehren, was Sie vor fünf Jahren unterrichteten«, schreibt Noam Chomsky, »dann ist entweder das Feld tot oder Sie sind es.« Traurigerweise hat sich die Lehre über Hufbeschlag in den letzten zwölf Jahren nicht fundamental verändert und es gab nie wirklich eine Lehre über die Zäumung.

Anhaltende Skepsis gegenüber den Vorteilen einer eisenfreien Reitkunst konnte man damit begründen, dass keine Doppelblindstudien oder kontrollierte Experimente durchgeführt worden sind, um die Heilung und Prävention dieser Krankheiten, die durch die Gebisse und Beschlag verursacht werden, zu demonstrieren. Beobachter in den Gerichten der Wissenschaft können sagen, es wäre zu früh, einen Sieg zu feiern, und auf den ersten Blick könnte dies wie eine legitime Kritik klingen: »Das Urteil steht noch aus.« Mit Ausnahme von zwei Punkten: Erstens, Doppelblindstudien bei den Pferden sind nahezu unmöglich, wurden noch nie für irgendwelche Krankheiten des Pferdes erreicht, und würden – auch wenn sie möglich wären – unerschwinglich teuer sein. Sich hinter einem solchen Kriterium zu verstecken wäre naiv. Zweitens, was in den letzten zwölf Jahren erreicht wurde, war eine überzeugende klinische Erfahrung, basierend auf Beobachtungen und Rückmeldungen (sogenannte »natürliche Experimente«), unterstützt durch Argumente basierend auf den ersten Prinzipien der Anatomie, Physiologie und dem Verhalten von Tieren.

Edward Mayhew, ein multitalentierter Fürsprecher für das Pferd und mutiger Tierarzt, Autor und Illustrator von *The Illustrated Horse Doctor* (1860) machte eine kluge Bemerkung über seine Kollegen im Beruf, als er schrieb: »Tierärzte haben in der Regel entweder keine Muße oder keine erforderliche Befugnis, um von ihnen behandelte Tiere zu beobachten; sie sind so etwas wie vorübergehende Besucher im Stall, in welchen sie gerufen sind.« Eigentümer, auf der anderen Seite, sind eher diejenigen, die ihre Pferde jeden Tag sehen und eine bessere Kenntnis über ihr Verhalten haben. Sie merken Abweichungen von dem Normalen leichter, da sie über die Gewohnheiten ihres Pferdes Bescheid wissen. Ebenso schnell bemerken sie die Verbesserungen im Verhalten, wenn das Wissen über bessere Gesundheit ihrer Pferde zur Verfügung steht. Daher ist es vielleicht verständlich, dass die Pferdebesitzer dem tierärztlichen Beruf im Voraus sind, wenn es darauf ankommt, die Vorteile zu erkennen, welche durch die Entfernung der Gebisse und der Hufeisen entstehen. Es ist wichtig, dass Dr. Straßer sowohl Tierärztin als auch Pferdebesitzerin ist. Der biografische Teil ihres neuesten Buches, »Navicular No More«, umfasst die aufschlussreiche Stelle: »Ihr Interesse an der Frage der Lahmheit begann, als ihre eigenen Pferde, die auf der Weide lebten und unbeschlagen waren, immer gesund und reitbar waren, während ihre Reiterfreunde und Kundenpferde, welche beschlagen waren und in Boxen lebten, häufig mit Atemwegs- und Lahmheitsproblemen erkrankten.«

Eine andere Erklärung für das Scheitern der Tierärzte, das verfügbare Wissen anzuwenden, hat historische und soziologische Wurzeln. Der tierärztliche Beruf ist eng verknüpft mit dem Beruf der Hufschmiede, deren Name sich schon aus der Verwendung von Eisen (lateinisch: *ferrum*) ableitet (englisch: *farrier* – Hufschmied, Anmerkung d. Autorin). Tierärzte, die Pferdespezialisten sind, haben seit Langem einen Bund mit Hufschmieden und es ist schwierig für sie, außerhalb dieses stählernen Korsetts zu denken. Historisch gesehen haben sie ein Interesse an dem gleichen Anteil der Einnahmen mit den Pferden. Ein Pferdepraktiker, der die traditionelle Kunst des Hufbeschlags infrage stellt, trifft an der Wurzel diese Bindung zwischen den Tierärzten und den Hufschmieden und gefährdet sogar die Lebensgrundlage der ansässigen Schmiede. Einige könnten es für nicht zweckmäßig halten, Schwerter über einen solchen territorialen Streit zu kreuzen. Was beide Parteien – natürlich in einer idealen Welt – tun sollten, wäre, sich von Shakespeares Worten beraten zu lassen und »das zu tun, was Gegner im Rechtswesen tun, was Gegner im Rechtswesen tun, mächtig bestrebt sein, aber essen und trinken wie Freunde«. Das ist leichter gesagt als getan, wenn ihr Gegner einen Hammer trägt.

Im Falle der Gebisse gibt es ein ähnliches oder sogar tiefer verwurzeltes historisches Problem. Die Kunst der Zäumung ist seit Langem als die Domäne der Reiter betrachtet worden und Tierärzte haben dies in der gleichen Weise geschluckt, wie sie auch das Gebiss selbst akzeptiert haben, ohne es zu hinterfragen. In den letzten 200 Jahren hatten die Tierärzte in der Regel sehr wenig über die Zäumung zu sagen und die meisten waren froh darüber, diese Frage in den Händen des Eigentümers zu lassen. Die Gültigkeit des Gebisses infrage zu stellen, bedeutet auch, sich in einen Konflikt mit den lange etablierten und anerkannten Regeln der FEI und der nationalen Verbände zu bringen und auch den äußerst unabhängigen Feldmarschäle des Pony-Clubs, den Fahrverbänden und den Rennveranstaltern. Für einen Pferdearzt wäre der Kampf gegen Windmühlen in der Pferdeindustrie das Gleiche wie das Beißen der Hand, die einen füttert. Der Tierarzt wird es sich gut überlegen, ob er Reitern sagt, dass sie keine sanften Hände haben, dass ihr Pferd Schmerzen hat oder – Gott behüte – dass sie grausam zu ihrem Pferd sind. Er denkt an seine Existenz und will sich seine Kunden nicht vergraulen.

Ein sanft satirischer Artikel im *British Medical Journal* vor acht Jahren hat einen Kommentar zur menschlichen Natur gegeben, der auf die Tierärzte ebenso zutrifft wie auf Ärzte. Er hatte den Titel: »Einfache Wege, dem Wandel in der Medizin zu widerstehen«. Die Autoren Allen Shaugnessy und David Slawson schlugen die folgenden Techniken vor:

– Beachten Sie den Wandel in der Medizin einfach nicht – beschäftigen Sie sich mit Ihrer Praxis, sodass Sie keine Zeit haben zu lesen, an den Sitzungen teilzunehmen, Ihre eigene Praxis zu verstehen oder die Praxis Ihres Kollegen zu beobachten.

– Greifen Sie die Tatsachen an! Wenn Sie mit neuen Informationen, die eine Änderung in der Praxis herbeiführen könnten, in Berührung kommen, hinterfragen Sie die Quelle und ihre Gültigkeit. Jede Studie enthält einige winzig kleine Schlupflöcher, die ausgenutzt und verwendet werden können, um die ganze Studie zu dekonstruieren. Benutzen Sie den gemeingültig logischen Trick, dass, wenn irgendein Aspekt der Studie unvollkommen ist, die gesamte Studie falsch sein muss.

– Bewahren Sie absolutes Vertrauen – alles, was Sie wissen müssen, wurde in der medizinischen Schule gelehrt. Vergessen Sie diese neumodische evidenzbasierte Medizin und bleiben Sie bei der glaubenbasierten Medizin.

– Folgen Sie der Herde – warten Sie, bis sich alle Ihre Kollegen geändert haben, bevor Sie (widerstrebend) zustimmen sich zu ändern.

– Schieben Sie es auf Experten – gehen Sie sicher keine unabhängigen Entscheidungen zu treffen. Ein Experte ist immer irgendwo verfügbar, um Ihr Festhalten an dem Status quo zu unterstützen.

– Verlassen Sie sich auf Rechtsanwälte – behaupten Sie, dass Sie verklagt werden, wenn Sie etwas Neues anfangen.

– Beschuldigen Sie die Patienten – Sie möchten anders praktizieren, aber die Patienten lassen Sie nicht.

– Betonen Sie die Stellung – wenn Sie ein Patient in Kenntnis über neue Informationen setzt, die er heruntergeladen hat, seien Sie sicher es zu ignorieren und sagen Sie: »Wann haben Sie Ihren Abschluss in Medizin gemacht?«

– Einfach ablehnen – wenn Sie sich mit bedrohlichen dargebotenen Informationen konfrontiert sehen, sagen Sie das, was immer nach einer medizinischen Präsentation gemurmelt wird: »Ich würde es nicht glauben, auch wenn es wahr wäre.«

Diese Techniken ermöglichen es Ihnen, mit wenig Denken und ohne nagendes Gefühl zu praktizieren.

Was kann gegen die der Verzögerung getan werden?

Geben Sie der Marke einen Namen: Die Begriffe »barhuf« und »gebisslos« beschreiben Negatives und sogar »natürlich« kann infrage gestellt werden. Vielleicht ist ein positiver Begriff notwendig, etwas wie »humane horsemanship«. Ein Appell an die Brieftasche könnte funktionieren, weil der Hufbeschlag und die Zäumung die Kosten der Haltung eines Pferdes brutal erhöhen. Wie wäre es mit »wirtschaftlicher Reitsport«? Alternativ zu verwenden wäre ein modisches Schlagwort, »nachhaltiges Horsemanship«, welches dem Pferdebesitzer sugerieren soll, dass Pferde länger leben werden und ihre Besitzer nicht finanziell schröpfen?

Verbinden Sie sich mit den Tierschutzorganisationen: Grausamkeit wird als die Zufügung von vermeidbaren Schmerzen definiert. Der Schmerz der Gebisse und des Beschlags sind nun vermeidbar und so müssen beide Praktiken als grausam deklariert werden.

Denken Sie daran: »Wahrheit fährt langsam und die Lüge bewegt sich schnell.«

In einem Brief an den Herausgeber der *New Scientist* (22. März 2008) verwendet Carol Herzenberg diese Phrase in ihrem Schluss, dass »in der Welt außerhalb der Wissenschaft kalte Fakten nicht ausreichen, … zusätzliche Techniken müssen von Wissenschaftlern im Kampf gegen Propaganda verwendet werden, und ich empfehle die Lächerlichkeit (…) Ich schlage vor, eine sofortige Reaktion der Öffentlichkeit, die die offensichtlichsten Lügen und Propaganda lächerlich machen, prompt gefolgt von einer ausführlichen Antwort, die so gründlich, durchdacht und genau wie möglich ist.« Artikel, die den traditionellen Denkweisen über Beschlag und Gebissen folgen, sollten mit Widerlegungen beantwortet werden und, falls erforderlich, mit Spott. Dass die Wahrheit langsam fährt, wurde auch von Mark Twain beobachtet, der schrieb: »Eine Lüge geht einmal um die halbe Welt, bevor die Wahrheit sich die Stiefel anzieht.«

Seien Sie geduldig: Vielleicht müssen wir nur noch genügend Zeit vergehen lassen, bis wir erwarten können, dass unsere gegenwärtigen Bemühungen Früchte tragen. Mit der nötigen Erziehung der Jugendlichen von heute besteht die Möglichkeit, dass die nächste Generation von Administratoren unsere Bemühungen in die Praxis umsetzen wird. Da dieser Artikel in Druck geht, kommt gute Nachricht von einem jungen 4H-Mitglied in Arkansas, das mit Entschlossenheit, Demonstration und Disqualifikation den Arkansas 4H überzeugen konnte, den *bitless bridle* für Wettbewerbe im Jahr 2013 zu genehmigen. Wir sollten unsere Anstrengungen auf die Mitglieder der 4H- und Pony-Clubs konzentrieren. Es sind die »Töchter der Revolution«, die schließlich erfolgreich sein werden. Einige von diesen werden hoffentlich Tierärzte werden.

Sprechen Sie mit Ihrem Tierarzt/Ihrer Tierärztin die Themen an. Laden Sie sie/ihn ein, einen Vortrag in Ihrem lokalen humanen Horsemanship-Club zu halten. Seien Sie als Gruppe vorbereitet, eine Lanze zu brechen. Konzentrieren Sie sich zuerst auf die Ursachen, bevor Sie Prävention und Behandlung diskutieren.

Vorschläge für die Anerkennung eines humanen Umgangs mit dem Pferd (*horsemanship*):

Vielleicht sollte Academia Liberti über eine Fusion mit den ähnlichen Gruppen in der ganzen Welt nachdenken, sodass eine Mutterorganisation für alle zur Tierärzteschaft, der FEI, den nationalen Vereinigungen et cetera spricht.

Verlangen Sie Regeländerungen mit Ihren lokalen und nationalen Gruppen. Sie sollten aber keine unrealistischen Erwartungen haben. Änderung wird nicht leicht erreicht werden. Garrett Hardin, ein Biologe und Wissenschaftshistoriker, schrieb: »Wir sollten nicht erwarten, dass ein Komitee die Entthronung der Tradition einleiten wird. Nur eine Einzelperson kann das tun.«

Lobby, Lobby, Lobby. Schreiben, schreiben, schreiben. Veröffentlichen Sie Beiträge, Kommentare und Artikel in den abonnierten Zeitschriften oder – besser noch – in den freien Zeitschriften, für jeden verfügbar und für jeden verständlich. Veröffentlichen Sie auf Ihrer Website (meine bietet fast 100 Artikel). Im Zeitalter der Information hat das Wort wieder Macht. Nutzen wir sie mit all unserer Kraft. Wir erleben gegenwärtig eine Flutwelle, von der wir uns im Namen des Pferdes ergreifen und mitreißen lassen sollten. ❧

Als ich anfing langsam zu begreifen, wie es wirklich um die Gesundheit meines Pferdes steht, war ich ziemlich erschrocken. Nicht nur, dass ich mein Pferd auf Kosten seiner Gesundheit geritten habe, dass ich es beschlagen lassen habe, dass ich es unnatürlich hielt, sondern ich war sogar eine Reiterin, die ihrem Pferd einen Maulkorb angezogen hat, damit es langsamer fressen muss, weil man mir gesagt hat, es würde immer dicker, wenn ich es grasen ließe, wie es möchte. Wenn ich heute die Fotos von meiner Stute sehe, mit dem Maulkorb, kann ich so viel mehr in ihrer Haltung, in ihrem Körper und in ihren Augen sehen als damals. Und ich war erschrocken über das Ausmaß der Missinformation in dieser Szene. Ich habe mir immer wieder die Frage gestellt: Muss ich tatsächlich selbst alle diese Sachen lernen, die Anatomie, das Wissen über die Hufe, damit ich die Auswirkung anderer Manipulation an dem Pferdekörper verstehen kann? Es gibt doch Leute, die so etwas studieren, wieso kann ich mich nicht einfach auf sie verlassen? Die sollten es doch wissen!

Die Leser mögen mir die kleine Wiederholung verzeihen, aber ich halte es für ungemein wichtig, diese Worte von Dr. Cook hervorzuheben: »Wenn ich die Krankheiten der Hauspferde anschaue und deren Ursache suche, ist die Antwort – die ich verpflichtet bin mir einzugestehen – eine demütigende, dass die Ursache der meisten Krankheiten letztlich in der Abweichung von der artgerechten Lebensweise für die Pferde und der Zucht zu finden ist. Anders ausgedrückt ist es die Domestikation selbst, die Krankheiten verursacht. Noch unverblümter ausgedrückt: Die Ursache ist Missmanagement und wir, *Homo sapiens*, sind die Manager. Viele Krankheiten des Pferdes werden durch das Beschlagen und die Gebisse verursacht, aber fast jede Krankheit wurde durch den Menschen verursacht. Je weniger unsere Verwaltung von dem wilden Modell abweicht, desto gesünder werden unsere Pferde sein.«

Seien wir doch die Veränderung, die wir in der Welt sehen möchten.

Dr. Cook ist für mich einer der besten und ehrlichsten Pferdeexperten weltweit. Sein mutiger, unermüdlicher Einsatz für das Wohl der Pferde, sein »Gegen-den-Strom-Schwimmen«, um für die Pferde etwas zum Besseren zu ändern, wie auch diese ehrlichen, offenen Worte, die er hier schreibt, sprechen für ihn als Pferdeexperten und vor allem als Menschen. Dr. Cook, Dr. Straßer sowie auch ein paar andere hervorragende Tierärzte, die sich für die Pferde einsetzen, gehören zu einer Liga der außergewöhnlichen Wissenschaftler, die ihrer Zeit voraus sind, und ich bin sicher, dass ihre Namen die Zukunft der Pferdemedizin nachhaltig prägen werden.

Ich empfehle jedem Pferdebesitzer, dem sein Tier am Herzen liegt, sich mit dieser Materie selbst auseinanderzusetzen. Am Ende des Buches findet sich Hinweise auf die geeignete Literatur. Verlasst euch nur auf die Menschen, die eure Tiere so behandeln möchten, dass sie nach Erfolg und Genesung entlohnt werden.

Und wenn dieses für dich, liebe/r Leser/in, utopisch klingt, dann bitte ich dich trotzdem, dieses zu praktizieren. Sprich mit deinem Tierarzt, schlage ihm alternative Methoden vor, so unglaublich sie auch in seinen Ohren klingen mögen. Nicht die Symptome sollen geheilt werden, sondern die Ursachen.

Nur wir können die Welt ändern, wer sonst?

Hippokrates gilt als der Vater der Medizin. Er hat die Ursachen der Krankheiten behandelt und keine Symptome. Und in dieser Zeit war es üblich, nach der erbrachten Leistung bezahlt zu werden. Wenn man jemanden krank macht, anstatt ihm zur Genesung zu verhelfen, sollte man dafür noch bezahlt werden? Das geschieht aber tagtäglich!

Wie man sieht, läuft hier etwas schief in diesem Gewerbe. ❧

157

IX.
Ich arbeite mit meinem Pferd weiter und möchte meine Kommunikations- und Lehrfähigkeiten ausprobieren und verbessern. Ich möchte die Kommunikation mit meinem Pferd vertiefen.
Meditatio-Lektionen.

Meditatio-Lektion 5: Podest

WIR werden jetzt mit den Benefit-Lektionen (wie ich sie nenne) starten, damit wir dem Pferd dabei helfen, die Muskulatur zu entwickeln und sich auf die Lektionen der Hohen Schule vorzubereiten. Ich werde in diesen Lektionen die lateinischen Namen in der Anatomie des Pferdes verwenden und dies aus zwei Gründen: Zum einen ist das wichtig für die Person, die diese Lektionen beherrschen und dem Pferd beibringen will. Es ist nötig, sich ernsthaft mit der Anatomie dieses Tieres vertraut zu machen und Zusammenhänge mit den Lektionen und ihren Zielen zu verstehen. Wir haben zu viele Lehrer in der Pferdeszene, die kein Wissen über die Anatomie des Pferdes haben, aber andere Menschen lehren möchten, wie man das Pferd ausbildet und seinen Körper manipuliert.

Zum anderen möchte ich jedes Missverständnis ausschließen.

Bitte vergewissere dich, dass dein Pferd gesund ist, denn jetzt wirst du anfangen, das Pferd um verschiedene Übungen zu bitten. Es ist wichtig, dass das Pferd auch physisch in der Lage ist, diese auszuführen. Bitte beachte vor dem Beginn, dass wir mit keinem Pferd im Alter von unter drei Jahren arbeiten. Bis zu diesem Zeitpunkt ist das Pferd ein »Kind« und sollte auch seine Kindheit genießen! Ich empfehle sehr, die Kindheit des Pferdes mit ihm gemeinsam zu genießen. Es ist sehr befreiend, einfach mit dem jungen Pferd zusammen zu sein, dem jungen Leben zuzuschauen, voller Freude, voller Entdeckungslust, voll kindlichem Vertrauen. Diese Zeit ist die Zeit des süßen Nichtstuns, bevor wir langsam mit einigen wenigen Lektionen anfangen, wenn wir unser Pferd ausbilden möchten.

Die folgenden drei Lektionen sollten abwechselnd geübt werden, denn sie gehören zusammen. Ein Podest ist am besten geeignet, um die Kommunikation weiter zu verbessern. Es ist nicht wichtig, dass das Pferd sein Bein so hoch wie möglich stellt. Bitte fange deshalb mit einem niedrigen Podest an. Die Höhe einer Palette wie sie im Bild gezeigt ist, reicht aus.

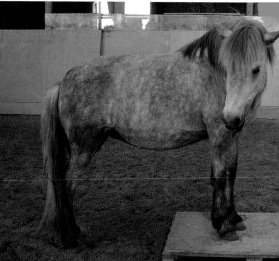

Nimm die Position neben deinem Pferd ein und bitte es, das Bein auf das Podest zu stellen.

Wenn möglich, berühre das Pferd nicht. Gib dir und dem Pferd die Gelegenheit, ohne Berührung zu kommunizieren. Teste einfach, wie weit du dich dem Pferd gegenüber verständlich ausdrücken kannst und wie weit dein Pferd dich verstehen kann.

Eine bewährte Möglichkeit ist es, selbst einen Fuß auf das Podest zu stellen. Pferde ahmen gerne nach und dein Pferde wird deinem Beispiel gerne folgen, vorausgesetzt, es versteht dich und eure Basis ist bereits vertrauensvoll erarbeitet. Jetzt ist nur wichtig, dass das Pferd dich versteht und es auch machen MÖCHTE. Egal ob dein Pferd dich versteht oder nicht. Frage nicht mehr als drei Mal. Für das erste Mal ist es genug, wenn das Pferd mit jedem Bein einmal auf das Podest tritt. Lobe dein Pferd ausgiebig und spiele ein anderes Spiel, das das Pferd gerne mag. Es ist sehr wichtig, dass wir das Pferd am Anfang nicht überfordern oder langweilen. Dieser Spaß, der sich beginnt zu entwickeln, sollte immer fortbestehen. Das soll die Trieb-feder für das Pferd und den Menschen sein. Leichtigkeit. Spaß.

Nachdem das Pferd die Übung Podest verstanden hat und gerne ausübt, solltest du mit den Dehnübungen anfangen, die in den nächsten Lektionen beschrieben sind. Du solltest die Übung mit Podest erst dann steigern, NACHDEM du dem Pferd Crunches beigebracht hast. Es ist sehr wichtig für die Entwicklung des Pferdekörpers, diese Lektionen gleichzeitig zu üben.

Für die Weiterentwicklung der Podest-Lektion muss man verstehen, dass auch anscheinend einfache und leichte Bewegungen eine enorme Bedeutung in unserer Arbeit mit dem Pferd haben. Man wird denken, dass dies so eine simple Bewegung ist … Aber es ist viel mehr als das: Ziel ist es, dem Pferd beizubringen, das Bein mit ANMUT zu heben, auf das Podest zu stellen und es dort stehen zu lassen, ohne auf dem Boden oder dem Podest zu scharren. Wir sind nicht in Eile, also bitte LANG-SAM. Eine gut ausgeführte Bewegung ist genug für den Anfang. Man kann mit der Zeit schrittweise die Podesthöhe steigern.

Eine sehr gute Vorbereitung für diese Lektion ist das Dehnen der Vorderbeine. Nimm dazu die Position vor deinem Pferd ein und bitte es, dir erst das eine und dann das andere Bein zu geben. Versuche spielerisch herauszufinden, wie du deinem Pferd diese Übung erklären kannst, ohne es zu berühren. Dieses "Herausfinden" ermöglicht es Fähigkeiten zu entdecken und zu schulen. Außerdem stärkt es euer Miteinander, wenn du mit deinem Pferd ganz eigene Signale und Kommunikationswege entwickelst. Das Pferd wird dich verstehen und du kannst dann versuchen, sein Bein vorsichtig so weit zu dehnen, wie es dir das erlaubt. Mit der Zeit wirst du merken, dass das Pferd das Bein immer mehr dehnen kann. Bitte bedenke, dass auf diesen Fotos Hera bereits eineinhalb Jahre Übung mit dieser Lektion hat, ihr Körper entwickelt ist und sie die Beine ohne Gefahr gerade dehnen kann. Sobald du Widerstand vom Pferd spürst, solltest du sofort mit dem Dehnen aufhören. Stets nur so weit, wie es das Pferd erlaubt! Wenn du dein Gefühl durch die vorherigen Lektionen gut entwickelt hast, dann wirst du keine Schwierigkeiten haben, die Signale deines Pferdes zu verstehen.

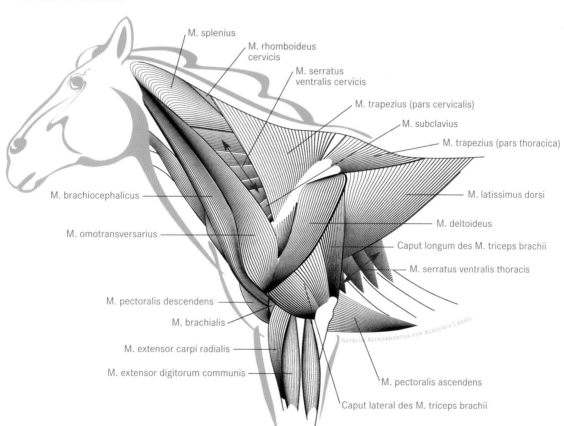

Dazu ein paar Zeilen zu den medizinisch betrachteten Zusammenhängen aus der Anatomie des Pferdes.

Die Gruppe der Muskeln, die wir mit dieser Lektion entwickeln möchten, verlaufen lateral und medial von Scapula (Schulterblatt) bis Humerus (Oberarmknochen). Die lateralen Muskeln unterstützen die Abduktion (die vom Körper wegführende Bewegung) und die medialen die Adduktion (zum Körper hinführende Bewegung) der Scapula. Auf der lateralen Seite finden wir den besonders weitreichend verzweigten und für viele Bewegungen notwendigen *M. deltoideus*, welcher sich an der kaudalen Seite der Scapula befindet; dieser Muskel bewegt das Schultergelenk und unterstützt die Abduktion des Humerus.

In der Fossa supraspinata der Scapula befindet sich *M. supraspinatus.* Er befindet sich genau in dem distalen Teil der Cartilago scapulae und geht bis zum kranialen Teil des Tuberculum majus und minus humeri. Die wichtigste Aufgabe des *M. supraspinatus* ist die Unterstützung beim Dehnen der Schulter. Auch dieser Muskel stabilisiert die Schulter.

Der nächste Muskel der lateralen Gruppe ist *M. infraspinatus*, welcher die Abduktion und die Auswärtsdehnung der Schulter unterstützt.

Wir führen diese Lektion durch, um die genannten Muskeln zu stärken und in ihren natürlichen Funktionen zu trainieren, ebenso auch *M. teres* minor (Biegen und Abduktion), *M. subscapularis* (Stabilisierung und Adduktion), *M. teres major* (Adduktion und Biegen), *M. coracobrachialis* (Adduktion und Biegen) und *M. articularis humeri* (Adduktion und Stabilisierung).

Wir möchten diese Muskeln kräftigen und die Schulter frei beweglich machen, denn das ist die Hauptvorbereitung auf den Spanischen Schritt. Der Spanische Schritt ist eine recht bekannte Lektion. Wir führen diese Übung durch, weil sie das Pferd kräftigt. Wenn diese Muskeln ausgebildet werden, können wir auch Anmut lehren!

Ohne Dehnübungen und Podest-Arbeit wird es keinen schönen Spanischen Schritt geben. Diese Vorbereitungslektionen laufen gleichzeitig ab. Und wie auch bei jeder anderen Lektion gilt: Langsam! Die Muskeln brauchen Zeit, um ihre optimale Funktionsfähigkeit zu entwickeln und je mehr Zeit du dir dafür nimmst, desto bessere Resultate wirst du bekommen. Dein Pferd wird dir sagen, was du fragen beziehungsweise um was du es bitten kannst … Du brauchst nur zuzuhören.

Als Faustregel machen wir nur das, was das Pferd erlaubt.

Du bist jetzt bei der Ausbildung des Pferdes und das ist eine ernst zu nehmende Arbeit. Zwar haben wir immer Spaß mit unseren Pferden, aber jetzt möchtest du etwas mit dem Pferd erreichen. Du möchtest etwas auf der Basis des freien Willens erreichen, also brauchst DU Disziplin. Nicht das Pferd. Das Pferd wird dir spiegeln, wie diszipliniert und bewusst du bei der Arbeit bist. Pferde leben im Hier und Jetzt – sobald du nicht da bist, wird dein Pferd es dir zeigen. Menschen neigen dazu, ärgerlich oder enttäuscht zu werden, wenn etwas nicht klappt. Das ist hier gänzlich fehl am Platze. Wenn du dich dem Pferd schon so weit geöffnet hast (und dein Pferd dir), dann wird das Pferd nicht verstehen, wenn es deine eventuelle Enttäuschung spürt. Du lädst es einerseits zu einer solchen Ehrlichkeit ein und andererseits bist du enttäuscht oder ärgerlich über die Antwort. Übe dich in Gelassenheit. Übe dich in Großzügigkeit. Übe dich in Disziplin, wie du etwas vermittelst. ❦

Meditatio-Lektion 6: Back Crunch

Mittlerweile ist die Beziehung zu deinem Pferd offensichtlich tiefer geworden und es zeigt mehr und mehr Interesse zu lernen? Du hast spätestens jetzt Schwierigkeiten, dein Pferd zu überzeugen, zurück auf die Koppel zu gehen? Dann ist es Zeit geworden, Crunches zu lehren. Crunches sind sehr wichtig für die Entwicklung und Vorbereitung des Pferdekörpers und richtige Benefit-Lektionen. Die Pferde, die derartige Bewegungen vorher noch nie ausgeführt haben, werden anfangen, diese selbstständig auf der Koppel zu praktizieren, weil sie merken, wie wohltuend sie sind. Mit den Crunches entwickelt das Pferd Propriozeption und außerdem ist der Back Crunch eine sehr gute Vorbereitung auf Übungen wie Versammlung und Pesade. Insgesamt sind sie sehr gute Übungen für den gesamten Körper. Auch das Training der Crunches setzt gute Kommunikationsfähigkeiten voraus, um dem Pferd diese Bewegungen zu vermitteln.

Dazu ein kleiner Exkurs in die Medizin, um den Hintergrund dieser Übung zu erläutern, für alle, die neugierig auf die wissenschaftlichen Hintergründe sind.

Caput ossis femoris (Kopf des großen Oberschenkelknochens) ist bis zum Alter von 18 bis 20 Monaten nicht gut durchblutet, der distale Teil des Kopfes bleibt unverwachsen und ist durch die Epiphysenfuge von der proximalen Hälfte des Kopfes getrennt. Collum ossis femoris und der proximale Teil des Caput ossis femoris erhalten ihre Blutversorgung durch die laterale und mediale Arteria profunda femoris durch die Gelenkkapsel und durch den Kopf der Arteria obturatoria (Gardner 1986; Adams 1978).

165

Es befinden sich drei wichtige Ligamente an der *Art. coxae*:

Lig. captis ossis femoris und *Lig. accessorium femoris* verhindern Luxation der *Art. coxae* und regulieren die Bewegungen des Gelenkes und *Lig. transversum* ossis femoris überbrückt die *Inc. acetabuli* und hält die anderen zwei Ligamente an ihrem Platz.

Bewegungen:
Flexion (Beugung) – 120°
Extension (Streckung) – 13°
Abduktion (Wegführen) – 40°
Adduktion (Heranführen) – 10° (Hyperadduktion)
Rotation (Drehbewegung) – external – 20°
Rotation – internal – 40°

Beugemuskel der *Art. coxae*: *M. iliacus* und *M. psoas major*.
Streckmuskel: *M. gluteus superficialis*.
Abduktoren des Femurs: *M. gluteus medius* und *minimus, M. tensor fasciae latae.*

Mediale Rotatoren des Femurs: Keine genau bezeichneten Muskeln, aber die Muskeln, die diese Funktion mittragen, sind: *M. gluteus medium, M. gluteus minimus* und *M. tensor fasciae latae.*

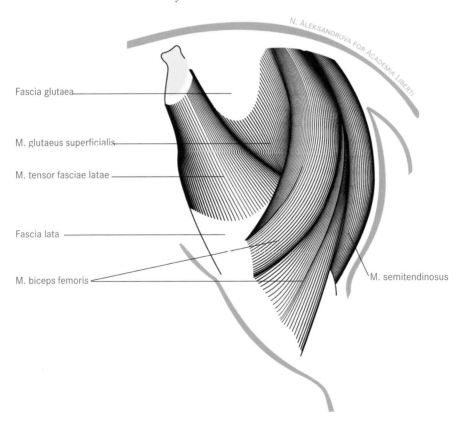

Fascia glutaea

M. gluteus superficialis

M. tensor fasciae latae

Fascia lata

M. biceps femoris

M. semitendinosus

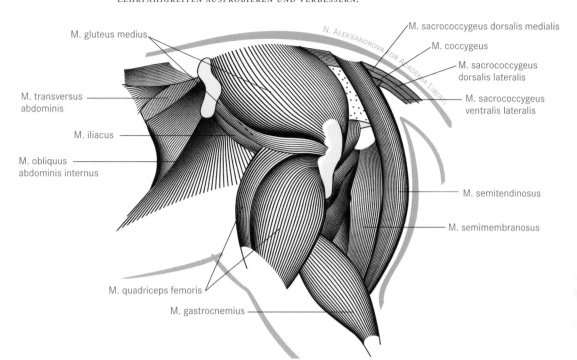

Die Entwicklung dieser Muskeln durch Back Crunch ist auch sehr wohltuend für
die gesamte Rückenmuskulatur, die dadurch gestärkt und flexibel wird.

Nimm die Position neben deinem Pferd an seiner Schulter ein. Bitte das Pferd,
mit seinen Vorderbeinen nach vorne zu treten. Für den Anfang reicht es, wenn es
nur das Bein hebt. Du solltest das Pferd sehr loben und ihm zu verstehen geben,
dass es das exzellent macht. Wenn dein Pferd mit einem Bein nach vorne tritt, dann
beende die Lektion für das erste Mal und lobe es überschwänglich. Es ist genug fürs
erste Mal. Langsam.

Es ist sinnlos, das Pferd lehren zu wollen, wenn es dir nicht die volle Aufmerksamkeit schenkt. Frage nie mehr als dreimal! Wenn etwas nicht funktioniert, dann
versuche es an einem anderen Tag. Es ist Spiel und das Pferd soll Spaß an den Übungen haben!

In der Academia versuchen wir zu vermeiden, den Pferden irgendwelche Tricks
mit Futter als Lockmittel beizubringen. Es ist nicht das Ziel, dass das Pferd etwas

macht, nur weil DU das möchtest. Das Ziel ist, dass das Pferd versteht und von sich aus machen möchte, um was du es bittest. Aus dem Grund ist es sehr wichtig, dass man die Leckerlis nicht benutzt, um das Pferd zum Dehnen ZU BEWEGEN. Denn es besteht die GEFAHR der ÜBERDEHNUNG!

Und am Ende hat man dann doch nicht das, was man möchte, dem Pferd beigebracht, denn das Pferd wird wie ein Roboter einfach nur etwas wiederholen, um Leckerlis zu bekommen. Es wird nicht verstehen, warum wir fragen, und auch nicht den Sinn erkennen. Man hat das Pferd mit dem Leckerli bestochen, aber eine Verständigung hat nicht stattgefunden. Keine gute Basis, um das Training darauf aufzubauen.

Foto: *Arbeit am Back Crunch auf dem Platz. Die Tür steht offen, das Pferd hat die freie Entscheidung, wann es gehen möchte.*

Foto: *Back Crunch in einer alltäglichen Situation – Beim Apfelpflücken nimmt das Pferd diese Position von alleine ein.*

Man kann gerne das Pferd DANACH belohnen, auch mit Leckerli. Das Leckerli ist nicht das Problem, es ist nur wichtig, WIE wir es benutzen. Nicht, um das Pferd dazu zu bringen, etwas zu tun, sondern um das Pferd dafür zu belohnen, dass es mitarbeiten möchte und so toll die Übungen umsetzt.

Du wirst schon spüren, was dein Pferd gern mag.

Wenn das Pferd mit den Vorderbeinen nach vorne getreten ist (kleine Schritte), dann bitte das Pferd, sich nach vorne zu dehnen (zum Beispiel deinem Finger zu folgen). Es ist wichtig, dass das Pferd sich gerade nach vorne dehnt und Kopf und Hals oben getragen werden. ❧

Meditatio-Lektion 7: Front Crunch

Bis jetzt solltest du einige große Veränderungen in der Beziehung zu deinem Pferd festgestellt haben. Die Kommunikation müsste jetzt besser vonstattengehen. Es ist immer leichter, dem Pferd die Lektionen zu erklären, wenn es selbst seinen klaren Willen und die Motivation, mit dir zu kommunizieren und zu lernen, anzeigt.

Nachdem du deinem Pferd Back Crunch beigebracht hast, kannst du weiter fortschreiten und den Front Crunch trainieren. Wie du feststellst, legen wir in der Academia großen Wert auf Kenntnisse in Anatomie, Physiologie und Biomechanik des Pferdekörpers, um in der Lage zu sein, die Elemente zu lehren und zu wissen, was in dem Pferdekörper passiert. Wenn das Pferd gesund ist, dann wird es die Crunches auch von alleine durchführen. Wenn nicht, dann ist der Körper des Pferdes nicht entwickelt genug, die Muskeln sind nicht vorbereitet und Sehnen und Bänder nicht in der Lage, diese Übungen zu unterstützen. Das passiert, wenn das Pferd nicht artgerecht gehalten wurde und der Körper sich nicht richtig entwickeln konnte. Die meisten Pferde sind genau deswegen krank und haben die verschiedensten Probleme mit Skelett, Muskeln und Bändern.

Normalerweise sind die Benefit-Lektionen gut für den Pferdekörper, aber du musst vorsichtig sein, wenn du sie lehrst. Du musst wissen, was in dem Pferdekörper passiert. Mach dir keine Sorgen, wenn es auf den ersten Blick zu viel und zu kompliziert erscheint, um das alles zu lernen, es im Pferdekörper zu lokalisieren und die gesamten Zusammenhänge zu verstehen. Mit der Zeit bekommst du einen Blick dafür und du wirst sofort mit großer Sicherheit erkennen können, was mit dem Pferd los ist. Es ist wie mit allem: eine reine Übungssache.

Wenn du Front Crunch lehrst, musst du zum Beispiel WISSEN, dass die Epiphysenfugen (Ort des Knochenwachstums) der Tuber olecrani (Ellenbogenhöcker) sich erst im Alter von 36 bis 42 Monaten schließen und erst dann deren Wachstumsprozess abgeschlossen ist!

Das bedeutet, dass der Ellenbogenhöcker komplett in die Ellenbogenkonvulsion integriert ist, und dass bis zum Alter von 42 Monaten eine Fraktur der Epiphysenfuge am Tuber olecrani möglich ist.

Jetzt bedenke, wie viele Pferde mit drei Jahren eingeritten werden … Und das bedeutet, ihr Wachstumsprozess ist noch nicht abgeschlossen, aber sie werden genötigt, Gewicht auf ihrem noch nicht ausgewachsenen Körper zu tragen! Da entstehen zwangsläufig Schäden, die alle Pferde zeigen, jedoch die Menschen in der

Reiterszene nicht sehen, weil sie dieses Wissen nicht haben. Diese Schäden werden in dem folgenden Kapitel näher behandelt.

Und jetzt denke zur zur Krönung noch an alle die Pferde, die bereits mit zwei Jahren beschlagen und auf die Rennbahn geschickt werden … Ihre Baby-Gelenke sind innerhalb kürzester Zeit ruiniert! Aus dem Grund ist es wichtig, sich mit der Anatomie zu beschäftigen. Mit dem erworbenen Wissen sieht man Pferde dann ganz anders und kann ihnen helfen, indem man dieses Wissen unter anderen Pferdebesitzern verbreitet, damit diese ihre Pferde nicht mehr aus Unkenntnis heraus schädigen.

Sowohl der Ellenbogenbereich als auch die ganze Schulter sind bei dieser Lektion betroffen. Auch der Zustand der Hufe ist sehr wichtig für Front Crunch, weil die Pferde, die hohe Trachten haben, diese Lektion nicht gut ausführen können. Dies ist leicht zu verstehen, wenn man weiß, wie das Organ Huf funktioniert. Wie man sehen kann, ist ein Pferd kein Spielzeug, das zum eigenen Vergnügen zu benutzen ist: Es ist ein Lebewesen mit Verstand, Seele und Körper, welchen man kennen und über welchen man unterrichtet werden muss, bevor man das Pferd überhaupt fragt oder etwas von ihm erbittet.

Jemand, der ein solches Wissen nicht hat, kann sich weder Trainer noch Ausbilder nennen, denn diese Person ist nicht in der Lage, ein Pferd zu lehren UND es dabei noch gesund zu erhalten.

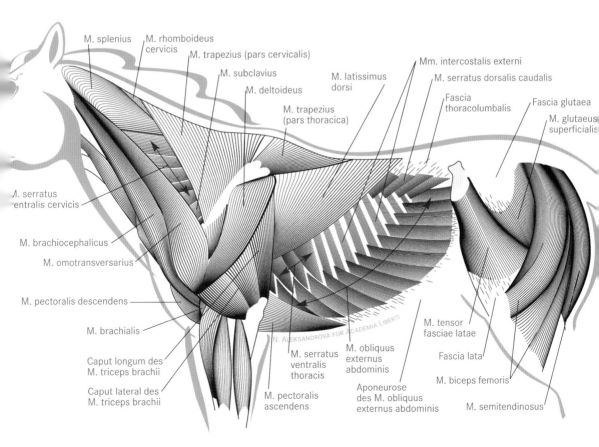

Mit dem Front Crunch arbeiten wir, um *M. triceps brachii, M. latissimus dorsi, M. serratus ventralis thoracis, M. serratus* ventralis cervicis, *M. flexor carpi ulnaris, M. extensor carpi ulnaris, M. carpi radialis* und natürlich *M. longissimus* zu stärken. Eigentlich helfen die Crunches mehr als jede andere Lektion, den Pferdekörper zu stärken und zu entwickeln, weil sie die Muskeln dehnen und die Beweglichkeit ermöglichen.

Ähnlich wie der Back Crunch entwickelt der Front Crunch die Propriozeption. Nachdem das Pferd diese Lektion gelernt und praktiziert hat, wird ein großer Unterschied in allen Bewegungen bemerkbar sein. Das Pferd trägt sich viel besser und ist sich viel mehr des eigenen Körpers bewusst. Das gibt auch das Gefühl der Sicherheit und das Vertrauen in die eigenen Fähigkeiten. Dieser Effekt wächst mit jeder Lektion, die du dein Pferd lehrst. Sollte dein Pferd die Lektionen nicht ausführen wollen, ist das ein Zeichen, dass etwas nicht stimmt und du einen Tierarzt oder Tierheilpraktiker konsultieren solltest. Gerne helfen wir dir auch in Academia-Forum weiter. Hier bist du herzlich willkommen, alle Fragen zu stellen, die du haben solltest. Sobald das Pferd beide Crunches gelernt hat, kannst du versuchen zu erfragen, ob es ein paar Mal von dem einen in den anderen wippen mag.

Nimm die Position an der Schulter des Pferdes ein. Bitte das Pferd, mit den Vorderbeinen nach vorne zu treten. Die Hinterbeine bleiben unbeweglich. Es ist wichtig, dass das Pferd nur KLEINE Schritte vorwärtsgeht. Bestätige deinem Pferd, dass es das hervorragend macht, und drücke sanft mit der Hand auf die Brust des Pferdes, um ihm zu signalisieren, das Gewicht nach hinten zu verlagern. Die KLEINSTE Bewegung in die richtige Richtung sollte sofort belohnt werden. Die Lektion wird an dieser Stelle für den Tag beendet. Du musst sehr aufmerksam sein, du musst lernen zuzuhören und dein Pferd zu FÜHLEN. Danach kannst du die Spiele, die dein Pferd mag, durchführen und Freude und Erfolgsgefühl mit deinem Pferd teilen.

Hier sind ein paar Fotos, die zeigen, wie es gemacht werden soll … Am Anfang ist eine kleine Gewichtsverlagerung in die richtige Richtung mehr als genug!

Fotos: Merke, wie das Pferd seinen Körper mit der Zeit immer mehr dehnen kann und wie der Front Crunch tiefer wird. Der Körper wird geschmeidiger, die Bewegungen werden erhabener – perfekte Voraussetzungen, um die Elemente der Hohen Schule zu lehren.

Mit der Zeit wird das Pferd Muskulatur, Sehnen und Bänder stärken und in der Lage sein, diese Bewegung zu unterstützen. Das wiederum wird die Schulter frei machen. Nur wenn du ganz langsam voranschreitest, ist diese Lektion eine Wohltat für dein Pferd, und du kannst sicher sein, dass sich der Körper des Pferdes gesund entwickelt. Ziehe niemals an deinem Pferd. Sei zärtlich. Sei clever. Sei ein Freund. ❧

Meditatio-Lektion 8: Back up

Diese Lektion sollte nicht vor dem vierten Lebensjahr durchgeführt werden. Wenn das Pferd dieses gern macht (von alleine), dann kann man es fragen, aber man sollte die Lektion vor diesem Alter nicht selbst forcieren. Auf den ersten Blick scheint diese Lektion eine einfache Übung zu sein, aber das täuscht. Wir sollten immer bedenken, auch wenn die Pferde diese Übungen im Spiel eventuell von alleine machen, in den Lektionen FRAGEN wir gezielt danach. Das heißt, wir bestimmen, WIE sich das Pferd bewegt und welche Muskeln wir ansprechen. Also müssen wir genau wissen, WAS wir ansprechen, wann und warum wir dies tun. Das Pferd würde eventuell von sich aus einige solche oder ähnliche Bewegungen machen, aber wir verlangen, dass das Pferd sie genauso ausführt, wie wir das gern möchten. Wir tragen eine große Verantwortung, wenn wir ein Pferd auf der Basis des freien Willens ausbilden;

das Pferd frei ist von jeglichen Zügeln, Bandagen und anderen Kontrollmitteln. Wenn wir diese Freundschaft mit dem Pferd haben, dann wird das Pferd diese Bewegungen für UNS ausführen wollen.

Um diese Lektion korrekt ausführen zu können, braucht das Pferd schon eine gute Muskulatur und die entwickelte Propriozeption.

Diese Lektion ist eine wichtige Vorbereitung für die Entwicklung der Hinterhandmuskulatur und das Absenken der Kruppe und verlangt hohe Bereitschaft für die Versammlung und Balance.

Back up ist wie jede andere Lektion nur dann wohltuend, wenn sie langsam, ruhig und koordiniert ausgeführt wird. Schnelle, hektische Bewegungen führen nur zum Verschleiß und zu möglichen Verletzungen. Durch die extreme Beugung kann sich das Pferd im Bereich des *Articulatio sacroiliaca* (Kreuzbein-Darmbein-Gelenk) verletzen, welches zu Zerrungen in den Iliopsoasmuskeln führen kann. Wenn die Iliopsoasmuskeln falsch belastet sind, kann das zu Verspannungen führen. Die Fixierung des *Articulatio sacroiliaca* ist überwiegend durch die Bänder gewährleistet, besonders durch *Lig. sacrotuberale latum*, weil *M. longissimus*, *M. gluteus medius* und der Iliopsoasmuskeln das Gelenk überbrücken. Jedoch haben sie keinen kraniokaudalen Faserverlauf und können nur wenig zur Stabilisierung des *Articulatio sacroiliaca* beitragen.

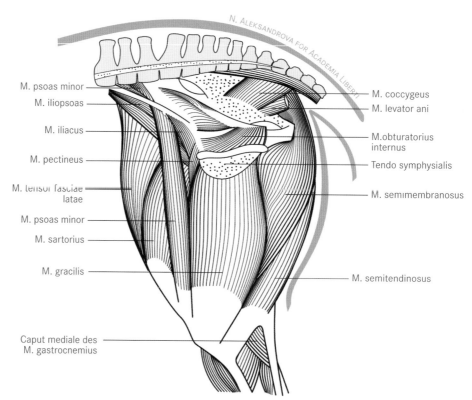

M. psoas minor

M. iliopsoas

M. iliacus

M. pectineus

M. tensor fasciae latae

M. psoas minor

M. sartorius

M. gracilis

Caput mediale des M. gastrocnemius

M. coccygeus

M. levator ani

M.obturatorius internus

Tendo symphysialis

M. semimembranosus

M. semitendinosus

M. sacrococcygeus dorsalis

M. glutaeus superficialis

M. biceps femoris

M. semitendinosus

M. semimembranosus

M. biceps femoris

M. gracilis

M. gastrocnemius

M. soleus

M. gastrocnemius

M. flexor digitorum profundus

M. extensor digitorum lateralis

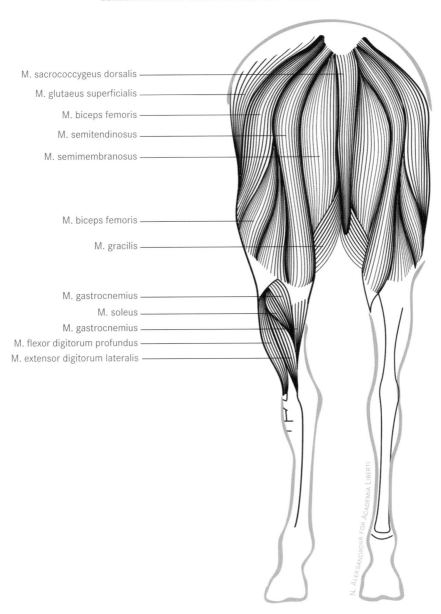

175

BEDENKE: *Wenn ein Pferd keine artgerechte Haltung hat, dann sind seine Muskeln verkümmert. Dann hat dieses Pferd Schmerzen, auch wenn du es vielleicht im Moment nicht sehen kannst.*

Wenn ein Pferd das Gewicht auf die Hinterhand vermehrt aufnimmt, dann zieht das Articulatio sacroiliaca auseinander. Die Bänder arbeiten gegen die Streckung und werden durch die Muskulatur der kaudalen Wirbelsäule unterstützt (*Mm. glutei, M. erector spinae* und *M. psoas*). Eine wesentliche Stabilisierung wird durch *Ligg. Sacroiliaca dorsalia* erreicht, welche das Darmbein und das Kreuzbein synchronisieren. Es ist sehr wichtig, das Gefühl zu entwickeln, wie viel wir von unseren Pferden fordern.

Du solltest absolut sicher sein, dass dein Pferd gesund ist, bevor du irgendeine der Lektionen abfragst. In diesem Fall, wenn das Pferd Probleme mit dem Articulatio sacroiliaca haben sollte, dann wirst du eine verzögerte Bewegung der Hintergliedmaßen bemerken. Wenn du feststellen solltest, dass dein Pferd eine gewisse Steifheit bei den Drehungen zeigt und es nicht mag, die Hintergliedmaßen zu kreuzen, dann hat dein Pferd Probleme mit Articulatio sacroiliaca.

Wenn das Pferd den Kopf hochreißt und den Rücken beim Rückwärtsgehen zu sehr wölbt, dann ist das ein sicheres Zeichen von Schmerz. Wenn du feststellen solltest, dass sich dein Pferd sehr unwillig auf abschüssigen Boden rückwärts bewegt, dann ist ebenfalls in dieser Region etwas nicht in Ordnung, weil in dieser Position vermehrt die sublumalen und glutealen Muskeln zum Einsatz kommen (Jeffcott, 1993; Cauvin, 1997).

Wenn die Lektion gut und korrekt ausgeführt wird, dann ist sie eine sehr gute Übung für die Hinterhand- und Rückenmuskulatur. Die Bindung zwischen dir und deinem Pferd basiert auf dem Gefühl. Du hältst sie.

Foto: Der Mensch und das Pferd sind eins. Gehen, Anhalten, Rückwärtsgehen – passieren synchron und aus dem gemeinsamen Gefühl für Raum und Bewegung.

Bitte nimm die Position an der Schulter deines Pferdes ein und signalisiere dem Pferd mit deinem Körper zurückzugehen (vielleicht, indem du selbst zurückgehst). Wenn die vorherigen Lektionen korrekt geübt wurden, dann wird dein Pferd sofort reagieren und sich mit dir rückwärts bewegen. Ein Schritt ist am Anfang genug und bis zum Alter von fünf Jahren ist es nicht ratsam, nach mehr als drei bis fünf Schritten zu fragen.

Das Ziel ist gerades und flüssiges Rückwärtsgehen mit dem korrekten Einsatz der Muskulatur. Mit der Zeit wirst du in der Lage sein, weit hinter deinem Pferd zu stehen, und das Pferd kann auf gerader Linie zu dir zurückgehen. Auch wirst du allmählich feststellen, dass das Pferd vermehrt die Kruppe senkt, welches ein Zeichen für die gute Entwicklung der Hinterhandmuskulatur und des Körpers im Generellen ist. ❦

Meditatio-Lektion 9: Sentado

Wir sind hier bei einer weiteren Benefit-Lektion angekommen. Diesmal arbeiten wir an der Beweglichkeit, Dehnung und Stärkung der Wirbelsäule und der Schulter. In vielen Büchern werden wir lesen, dass die Brustwirbelsäule eine geringe Beweglichkeit hat, weil die ersten acht Brustwirbel über die Costae verae mit dem Sternum verbunden sind und einen festen Thorax bilden. Wenn man aber die Gelegenheit hat, die Pferde in ihrer artgerechten Bewegung zu beobachten, dann wird man feststellen, dass nicht nur der gesamte Pferdekörper, sondern auch die Brustwirbelsäule erstaunlich beweglich ist. Betrachten wir die Pferde in ihren natürlichen Bewegungen wie beim Aufbäumen, Steigen, Galoppieren oder bei der Fellpflege, dann werden wir diese Beweglichkeit sehr gut sehen. Auch wenn man die Gelegenheit hatte, mit der Wirbelsäule des Pferdes zu arbeiten, dann wird man feststellen, dass die Wirbel um den Th 14 sehr beweglich sind. An dieser Stelle sind Biegung, Hebung und Senkung bis zum Maximum möglich. Zwei Muskeln, die wir hier besonders ansprechen möchten, sind *M. longissimus*, der den ganzen Rücken entlangführt und das Aufwölben, Dehnen und die Feinkoordination mit übernimmt, und der *M. spinalis*, der als seitlicher Strang neben der Wirbelsäule sichtbar ist und von einem Dornfortsatz zum nächsten verläuft. Mit dieser Lektion stärken wir diese Funktionen, weil wir uns sämtlichen Muskeln entlang des Rückens und der Schulter widmen.

Wenn du Sentado lehrst, wirst du feststellen, wie sich das Pferd in eine Sitzposition bringen wird und seine Schultern dabei beansprucht werden. Und dann wirst du bemerken, wie sich die Wirbelsäule dehnt und wie viel sich dein Pferd am Anfang überhaupt dehnen kann. Die Dornfortsätze der ersten neun Brustwirbel sind länger (bis zu 30 Zentimeter und kaudal stehend ausgerichtet) und beim Absenken des Kopfes wird das Nackenrückenband gespannt und der Rücken angehoben. Die Ausrichtung der thorakalen *Proc. spinosi* nach kaudal und der lumbaren *Proc. spinosi* nach kranial bewirkt durch das tiefe Dehnen eine Zugwirkung des *Lig. supraspinale*. Das Pferd dehnt sich in dem Prozess, bis es in die Sitzposition kommt.

Um Sentado zu lehren, muss sich das Pferd erst hinlegen. Am einfachsten lehrst du dies, indem du dir ein Wort aussuchst, welches du in dem Moment, wenn sich das Pferd hinlegt (erst einmal von alleine), benutzen wirst. Du kannst natürlich auch mental mit dem Pferd kommunizieren, um es verschiedene Übungen zu lehren, aber das bedarf dann wieder des Trainings an dir selbst, damit du lernst, wie man es richtig macht. Je nach Pferd und eigener Präferenz wird man sich dann für eine der Methoden entscheiden. Nach einer gewissen Zeit (abhängig von Gefühl und Impuls) kann man dann das Pferd mit diesem Wort fragen beziehungsweise bitten sich hinzulegen. Wenn diese Übung nicht gelingt, ist es ganz wichtig zu unterscheiden, ob mich mein Pferd verstanden hat und sich nicht hinlegen möchte oder ob es mich wirklich nicht verstanden hat. Wenn du bisher nach Meditatio gearbeitet hast, dann wirst du diesen inneren Kompass so weit entwickelt haben, dass du nun in der Lage bist, sofort den Unterschied zu sehen.

Wenn sich das Pferd hingelegt hat, dann sollte es dir seine Aufmerksamkeit schenken, als ob du nach anderen Lektionen fragst. Es ist ein ganz feines Band zwischen euch und du hältst diese Verbindung aufrecht. Wenn du das nicht spürst, dann bist du noch nicht so weit mit deinem Gefühl. Dann trainiere weiterhin die anderen Lektionen, bis du dieses Band spürst.

Fotos: Die Bindung zwischen Mensch und Pferd ist vorhanden, das Pferd folgt der Körpersprache des Menschen. Der Mensch hält die Bindung durch das Gefühl aufrecht. Das Pferd wird gebeten sitzen zu bleiben, solange die Übung dauert. Der Mensch signalisiert dem Pferd, dass es aufstehen kann.

Du bittest das Pferd in der Art und Weise, dass es deinen Bewegungen folgen soll, und du signalisierst mit deinem Finger und deiner Körpersprache, dass sich das Pferd zwar aufrichtet, aber nicht aufsteht. Hier fangen die schwierigeren Übungen an, welche am besten in einem Workshop zu lehren sind. Für diese Übungen und Lektionen ist man immer mehr auf einen Trainer oder eine Trainerin angewiesen, der/die einem das alles beibringt und in der Lage ist, Pferd und Mensch zu beobachten, die Körpersprache zu korrigieren und zu führen. Academia Liberti bietet für diese Zwecke die *Horsemanship Workshops* an.

Aber das heißt natürlich nicht, dass man es nicht auch alleine schaffen kann. Das kann man sehr wohl, denn man hat diese Lektionen dafür, bildet sich weiter und entwickelt sein Gefühl. Und zur Seite steht immer mit Rat und Tat das Academia-Forum. Wichtig ist, dass man nie zu dem Pferd geht und denkt: Heute bringe ich meinem Pferd das Hinlegen bei. Zuerst sucht man diese Momente, dann verknüpft man sie mit einem Wort. Nicht damit man das Pferd konditioniert, sondern damit man sich dem Pferd gegenüber KLAR ausdrücken kann. Das hier ist ein ganz wichtiger Punkt in der Ausbildung auf der Basis des freien Willens. Es wird nie passieren, dass das Pferd das Gefragte immer zeigen wird. Unsere Pferde sind keine Roboter, die auf Knopfdruck funktionieren sollen und konditioniert sind. Sie sind unsere Freunde, wir können fragen, aber sie können auch Nein sagen.

Und ich kann immer nur wiederholen: Erwarte nichts. Lass es einfach geschehen. Versuche nicht zu kontrollieren. Versuche den Energien zu folgen, dann bist du in der Welt der Pferde, dann wird dein Pferd am ehesten reagieren.

Und immer wieder ein ganz wichtiger Punkt: Lobe!

Lobe das Pferd immer, egal was es macht. Wenn du fragst und das Pferd macht etwas anderes, dann lobe es trotzdem. Du kannst erneut darum bitten, dass das Pferd es richtig macht, aber gib deinem Pferd immer gute Gefühle.

Wenn mein Pferd nicht das macht, worum ich es gebeten habe, dann habe ich kein Recht, enttäuscht zu sein. In diesem Verständnis liegt der Schlüssel zur Pferdeseele. Dieses Gefühl tief in dir wird dein Pferd spüren und es dir direkt reflektieren. Dieses Gefühl hast du über alle diese Lektionen geschult. Du hast dich verändert, aber auch deine Wahrnehmung. Blicke zurück, wo du am Anfang in der Kommunikation mit deinem Pferd standest, und dann schau dahin, wo du jetzt bist.

Ein gigantischer, gewaltiger Sprung.

Es ist nichts mehr, wie es war. &

X.

Eine bittere Pille für alle Reiter, die ihr Glück auf dem Rücken der Pferde glauben. Mit steigendem Wissen um Anatomie und Wesen des Pferdes bleibt es nicht aus, die durch das Reiten hervorgerufenen Schäden am Pferdekörper kennenzulernen.

KANN es sein, dass für Reiter nichts sein kann, was nicht sein darf? Ist es erlaubt, eine althergebrachte, wie selbstverständlich wirkende Tradition so drastisch infrage zu stellen? Wenn Reiten dem Pferd schadet, dann würde man Reitern im Umgang mit Pferden etwas absprechen, was für den höchsten Prozentsatz der »Pferdeliebhaber« der eigentliche Grund für das Halten und/oder den Umgang mit Pferden ist. Wenn es dem verantwortungsvollen Leser nun aber wirklich um das Lebewesen Pferd geht und um das Vermeiden von Leiden, die dem Tier zugefügt werden, dann denke ich, sollte jede/r Reiter/in die nun folgenden Erörterungen sorgfältig lesen. Das Pferd ist nicht gemacht, um geritten zu werden. Die Anatomie des Pferdes ist »designed«, um den Organen des Pferdes, zum Beispiel dem großen Gastrointestinaltrakt, Platz zu geben oder aber auch um bei Stuten die Leibesfrucht zu halten.

Doch trotz allem ist das Reiten auch bei Menschen, die vorgeben ihr Pferd zu lieben, nicht nur im sogenannten »Pferdesport«, sondern auch im Bereich der Freizeitgestaltung tägliche Praxis. Kann man es Liebe nennen, wenn man den Partner leiden lässt?

Durch die ganze Menschheitsgeschichte hindurch wurde den Pferden schreckliches Leid zugefügt – durch Mangel an Bildung und auch Mangel an Entwicklung. Doch jetzt ist die Zeit gekommen, um klar und deutlich darzulegen, dass die Pferde noch immer unter dem Menschen leiden müssen, nicht mehr aus existenziellen Beweggründen, sondern rein zum Vergnügen oder aus Profitstreben.

Ich behaupte, dass es kein einziges Pferd gibt, das geritten werden möchte.

Zwar wollen wir gerne glauben, dass dies der Fall ist, aber nur weil wir diesen Glauben haben und pflegen, wird es noch lange nicht wahr. Im Namen des Pferdes ist es nun an der Zeit umzudenken und sich den Fakten zu stellen.

Pferde leiden still – das ist durch die Herdenstruktur bedingt. Zeigt ein Pferd offensichtliche Schmerzäußerungen, so läuft es Gefahr, als schwaches Glied erkannt und somit ein leichtes Opfer für Raubtiere zu werden. Dies ist ein Grund dafür, warum es so schwer ist, Schmerzäußerungen eines Pferdes wahrzunehmen.

Spätestens aber, wenn folgende Symptome auftreten, sollte man aufmerksam werden:

– Zucken beim Striegeln
– Wegdrücken des Rückens bei Berührung oder leichtem Druck
– Verweigerung, den Huf zu geben
– einige sehr warme Stellen am Pferdekörper
– Bevorzugung bestimmter Körperhaltungen, wie zum Beispiel: Bewegen des Kopfes in eine Richtung, Tragen des Schweifes an einer Seite, Entlasten nur eines der Hinterbeine
– Zähneknirschen
– Bewegungsunlust
– Grunzgeräusche beim Reiten oder Springen
– Kopfschütteln
– Verteidigungshaltung, Aufsteigen, Buckeln
– Lahmen

Wir werden nun versuchen zu analysieren, was in dem Pferdekörper vor sich geht. Es gibt viele Menschen, die dies sogar spüren können – meistens, weil sie keine Erwartungshaltung gegenüber dem Pferd haben. Sie haben keine Schwierigkeiten, sogar die kompliziertesten biomechanischen Vorgänge zu verstehen, indem sie einfach ihr Gefühl und ihren gesunden Menschenverstand nutzen.

Nur Menschen, die etwas von ihrem Pferd verlangen, es benutzen, brauchen Beweise, um solche Vorgänge zu akzeptieren. Ich persönlich glaube, dass allein ethische Gründe, ein anderes Wesen nicht für die eigenen Zwecke zu benutzen, genügen sollten. Ich bin mir aber durchaus bewusst, dass es Menschen gibt, die diese Einstellung so nicht teilen können, und darum möchte ich diese Thematik nun etwas näher betrachten. Um tiefer in dieses Thema einzudringen, ist ein bestimmtes Wissen über Anatomie und Biomechanik notwendig. Darauf möchte ich im Folgenden näher eingehen.

Zervikal   Thorakal   Lumbal   Sakral   Coccygeal

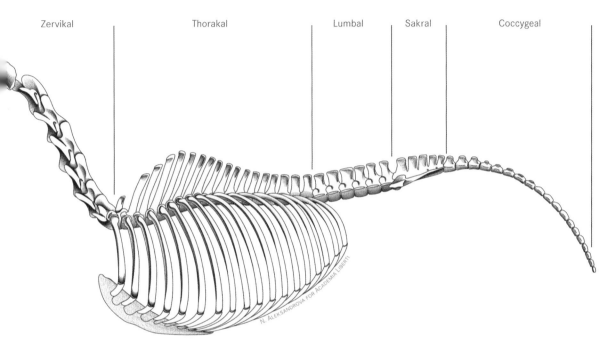

Das Skelettsystem des Pferdes ist ein fester Rahmen, der dem Körper des Pferdes seine Gestalt und den inneren Organen Schutz gibt. In diesem Teil werde ich mich auf die Wirbelsäule und Rückenprobleme im Allgemeinen fokussieren.

Die Wirbelsäule des Pferdes (Columna vertebralis) und ihre Knochen sind in fünf Gruppen unterteilt:
    – zervikal (zum Hals gehörend): sieben Wirbel
    – thorakal (zum Brustraum gehörend): 17 – 19 Wirbel

183

– lumbal (zum Rücken gehörend): fünf bis sieben Wirbel

– sakral (zum Kreuzbein gehörend): fünf Wirbel, zum Os sacrum zusammengewachsen

– coccygeal (zum Schweif gehörend – Schwanzwirbel): 15 – 21 Wirbel

Zervikal: Die bewegliche Gruppe der cervicalen Wirbelsäule unterstützt den Schädel und den Hals, wobei das Aufrechthalten des Kopfes die Krümmung dieses Wirbelsäulen-Teilstückes entwickelt und definiert. Der erste und der zweite Halswirbel (Atlas = Kopfträger und Axis = Kopfdreher) sind einzigartig. Die Foramen (Zwischenwirbellöcher) in den Dornfortsätzen C1 bis C7 leiten die Arterien der Wirbelsäule bis zur Basis des Gehirns. Die Reihenfolge der Foramen bildet dabei den Rückenmarkskanal. Atlas und Axis gehören zu den Kopfgelenken, die sehr unter der Zügelführung der Reiter leiden. Der Hals des Pferdes dient der Sensorik und ist der beweglichste Teil der Wirbelsäule. Mit der Bewegung des Halses kann das Pferd mit seinem Kopf so gut wie jede Stelle an seinem Körper erreichen. Für die feinen Bewegungen von Maul und Nase sind die Kopfgelenke zuständig, Atlas und Axis. Kopfgelenksblockierungen sind sehr häufig und können schon beim heftigen Zug am Halfter auftreten. Das ist aber nicht annähernd so schlimm wie das, was die Pferde üblicherweise unter den Reitern zu ertragen haben. Wenn wir zum Beispiel sehen, dass ein Pferd hinter dem Zügel geht, dann entlastet es somit seinen Schmerz sowohl in den Kopfgelenken als auch in den Kiefern.

Thorakal: Diese Gruppe der Wirbel und gliedernden Rippen unterstützt den Thorax (Brustkorb). Ihre bekannte Krümmung entwickelt sich schon im fetalen Stadium. Die Brustwirbel sind erkennbar an den kleinen Querfortsätzen und auffällig langen Dornfortsätzen von Th2 bis etwa Th11–12. Die Dornfortsätze kommen sich sehr nah, was auch das Kissing-Spine-Syndrom begünstigt, wie wir später sehen werden.

Lumbal: Diese untersetzten, vierseitigen lumbalen Wirbel tragen den großen Anteil des Körpergewichtes und balancieren Torso und Sakrum. Diese Wirbelgruppe ist relativ mobil. Beim Anheben des Thorax aus der Liegeposition heraus lastet ein großer Druck auf den Bandscheiben, welcher im Extremfall sogar zu einer Ruptur führen kann. Dieses würde natürlich auch die Nerven verletzen, welche vom Rückenmark durch die Zwischenwirbelforamen geleitet werden.

Sakrum: Die fünf sakralen Wirbel übertragen das Körpergewicht zu den Hüftgelenken. Die Zwischenwirbelscheiben (Disci intervertebrales) befinden sich, wie der Name sagt, zwischen den Wirbeln. Äußere Fasern sind mit dem Ligamentum (Band) *Longitudinale ventrale* und *dorsale* verbunden. Wir können zwischen kurzen und langen Bändern an der Wirbelsäule unterscheiden.

Das ist nur eine kurze Darstellung, um die Wirbelsäule zu betrachten und sich ihre Funktion vorstellen zu können. Um die komplexen Funktionen der Columna vertebralis und natürlich die des Pferdekörpers überhaupt verstehen zu können, ist das Wissen über die Belastung durch Gewicht, über die Bewegungslehre (Kinematik), Dynamik und Biomechanik nötig. Prinzipiell ist sogar anhand dieser Grafik (Abb. S. 183) sichtbar, dass jede unnatürliche Belastung der Wirbelsäule zwangsläufig zu einer Verletzung derselben führt. Die Wirbelsäule der Pferde ist so gebaut wie unsere. Wenn sie regelmäßig unnatürlich belastet wird, dann entstehen auch (bei den Pferden) Schmerzen durch diese Belastung. Das Pferd ist ein solch großes, kräftiges Tier und wenn man 50 Kilogramm wiegt und sich ein bis zwei Mal in der Woche für fünf Minuten auf ein erwachsenes Pferd setzt – dann glaube ich, wird man nicht viel Schaden einrichten. Alles was darüber hinausgeht geht ist für das Pferd meist unangenehm bis schmerzhaft und das Pferd kommuniziert das sehr deutlich – aber die meisten Reiter sehen es nicht. Wir haben im Laufe des Buches viel über das Gefühl gesprochen, aber in diesem Kapitel sehen wir uns die wissenschaftlichen Fakten an, die dieses bestätigen. Dieses ist vor allem wichtig, wenn man glaubt, dass das eigene Pferd gern den Menschen auf seinem Rücken hat. Es ist sehr wichtig, dass wir uns selbst immer hinterfragen.

Zschokke hat 1892 die ersten genauen Untersuchungen über die Beweglichkeit der Wirbelsäule durchgeführt. Für die Stabilität der Wirbelsäule sind die Dornfortsätze mit dem Ligamentum Supraspinale sehr wichtig. Es hatte sich herausgestellt, dass die Wirbelsäule mit dem Entfernen der ersten hinausgeht Dornfortsätze schon bei einer Belastung von 80 Kilogramm brach. Bei Entfernung aller Dornfortsätze erfolgte der Bruch der Wirbelsäule schon bei acht bis zehn Kilogramm. Zschokke entdeckte, dass sich der Rücken bei intakten Dornfortsätzen unter einem Gewicht von 50 bis 80 Kilogramm umvier Zentimeter senkt!

Und jetzt stellen wir uns Reiter vor, die jeden Tag auf ihren Pferden sitzen. Und stellen wir uns alle die übergewichtigen Reiter vor und die Konsequenzen für die Wirbelsäule des Pferdes. Wenn man dieses anspricht, macht man sich nicht gerade beliebt. Es ist nun mal ein unpopuläres Thema. Aber dürfen wir schweigen, nur um politisch korrekt zu sein? Auf Kosten der Gesundheit der Pferde? Würden wir genauso schweigen, wenn ein Kind oder ein hilfloser Mensch auf der Straße angegriffen wird? Wo ist der Unterschied?

Jedes Pferd, welches ohne eine freie, natürliche Versammlung und länger als 15 Minuten pro Tag geritten wird, leidet Schmerzen! Viele Pferde haben sogar dann Rückenprobleme, wenn dieses Zeitlimit beachtet wird. Das ist eigentlich sehr logisch und es ist kein umfangreiches anatomisches Wissen nötig, um dieses zu verstehen.

Was passiert zum Beispiel mit menschlichem Gewebe unter Druckeinwirkung? Wie lange muss der Druck bestehen, bevor Schmerzen entstehen oder das Gewebe taub wird? Wir alle kennen die starken Folgen von Drucknekrosen (Dekubitalgeschwüre) aus der Altenpflege oder dem Krankenhaus, das sogenannte Durchliegen, und wissen, wie schnell diese entstehen können. Und diese Probleme werden nur dadurch ausgelöst, dass das eigene Körpergewicht über längere Zeit auf eine bestimmte Stelle Druck ausübt. Wie viel größer würden diese Probleme, wenn zusätzlich noch ein weiteres Gewicht auf dem Körper lasten würde, so wie das Reitergewicht auf dem Pferderücken? Wir sind Säugetiere, wir empfinden die gleichen Gefühle wie die Pferde.

Was geschieht nun mit einem solch empfindlichen Körperteil, wie es die Wirbelsäule ist, unter Gewichtsbelastung? Und warum verschließen noch immer so viele Menschen die Augen vor den offensichtlichen Tatsachen?

Die entstehenden Rückenprobleme lassen sich in drei Kategorien oder Haupttypen unterteilen, je nachdem ob Muskeln, Sehnen und Bänder (Weichgewebsverletzungen), Knochen und Gelenke (ossale Verletzungen) oder das Nervensystem (neurologische Störungen) betroffen sind. Sie sind alle miteinander verbunden und so kommt es zu keiner isolierten Störung im Körper, sondern zu einer Auswirkung auf den gesamten Organismus. Der Großteil der Wirbelsäulenverletzungen betrifft primär die Muskulatur oder die Gelenke der Wirbelsäule.

Schwerwiegende Traumata mögen graduell heilen, jedoch nie vollständig, und es besteht die Gefahr einer sekundär resultierenden schmerzvollen Arthritis oder Weichgewebsfibrose. Chronische Verletzungen durch Überbeanspruchung (Mikrotraumata) werden durch schlecht passende Sättel, durch das Reiten, das Beschlagen und andere Manipulationen des Pferdekörpers ausgelöst. Und das ist die tägliche Praxis in den Reitställen, nicht wahr?

Es besteht eine direkte Verbindung zwischen Biomechanik und pathologischen Veränderungen der Wirbelsäule. Townsend (1985) und Dämmrich (1993) haben herausgefunden, dass die Osteophytenbildung an der Wirbelsäule der Pferde meistens zwischen Th10 und Th17 eintritt, wobei sich die größeren Osteophyten zwischen Th11 und Th13 befinden, also exakt in dem Bereich, wo der Mensch auf dem Pferderücken sitzt und schädigend einwirkt. Dieser sensible Bereich ist der Abschnitt mit dem Maximum an Lateroflexion und axialer Rotation.

Wie wir in dieser Ausführung sehen können, entsteht das Kissing-Spine-Syndrom durch wiederholtes unphysiologisches Senken der Wirbelsäule, welches in exzessivem Maße beim REITEN geschieht.

Alle Pferde sind davon betroffen, die Gesetze der Biomechanik sind klar definiert. Für ältere Pferde, die wie alte Menschen auch einen Verlust der Flexibilität der Wirbel, eine Degeneration der Gelenke und fehlende Muskelkraft erfahren, sind diese schädigenden Auswirkungen sogar noch gravierender. Ältere Pferde haben auch verlängerte Heilungszeiten und eine erhöhte Wahrscheinlichkeit, an chronischen Krankheiten zu leiden oder an abnormaler Kompensation der früheren Verletzungen der Muskeln und des Skeletts. ❧

»Rückenschmerzen sind ein weitverbreitetes Problem bei Pferden, die geritten werden (Jeffcott, 1979).«

Auch wenn seit Hunderten von Jahren bekannt ist, dass Pferde unter Rückenschmerzen leiden, ist die Technologie, um die primären oder sekundären Ursachen für diese Schmerzen akkurat zu diagnostizieren, erst in den letzten Jahren (wenn auch ungenügend) entwickelt worden. Auch fällt es auf, dass dieses Thema ungenügend von den Tierärzten behandelt wird. Im Laufe der Jahre habe ich sehr viele Pferde mit deutlich sichtbarem Senkrücken getroffen, die aber immer noch regelmäßig geritten worden sind. Nie habe ich erlebt, dass ein Tierarzt dieses angesprochen hat, obwohl wir uns hier doch in einem tierschutzrelevanten Thema bewegen.

Das Hauptproblem im Umgang mit den Pferden ist ein Mangel an Bildung unter den Pferdebesitzern und Reitern. In der Academia Liberti versuchen wir den Brückenschlag zwischen der equinen Wissenschaft und dem »Durchschnittsreiter«, der das Pferd (immer noch) als Objekt zum Reiten und zum anderweitigen Benutzen sieht. Ich persönlich bin davon überzeugt, dass der durchschnittliche Reiter, sobald er etwas über Anatomie und Biomechanik seines Tieres lernt und über den Schaden, den er/sie verursacht, das Reiten als – bei allem Respekt – barbarischen Akt ungebildeter, einfacher Leute wahrnimmt. Ungefähr in der Art und Weise, wie wir die Stierkämpfe heutzutage sehen. Eine brutale Tradition für das Amüsement der Leute.

Lasst uns einen genauen Blick auf die Wirbelsäule des Pferdes werfen, um zu verstehen, was dort passiert und wofür wir die Verantwortung übernehmen müssen. Die Extremitas craniales et caudales sind eng und mit der Wirbelsäule durch die Epiphysenscheiben verbunden. In dem Teil des empfindlichen fragilen Crista ventralis der Th10 bis Th15, der genau in Sattellage ist, ist die Osteophyten- und Exostosenbildung festzustellen. Das kann bis zur vollständigen Adhäsion (Verklebung, Verwachsung) der Wirbelsäule führen. Das Spatium interarcuale ist der dorsale Raum zwischen den Wirbelbögen, der durch das Überlappen der Wirbelbögen verschwindet.

»Der Zeitpunkt des Wachstumsfugenschlusses der Epiphysenscheiben am Körper der Lendenwirbel von Vollblütern liegt zwischen 4,9 und 6,7 Jahren (Wissdorf, Gerhards, Huskamp, Deegen, 2002)!«

Liebe Leser, liebe Leserin, das bedeutet im Klartext: Bis zu diesem Alter ist das Pferd noch nicht ausgewachsen, sein Körper nicht vollständig entwickelt, die Wachstumsfugen der Knochen haben sich nicht geschlossen.

Wo bekommt man diese Informationen? Wer ist dafür zuständig, einem angehenden Reiter dieses Wissen zu vermitteln? Jeder kann losgehen und sich ein Pferd kaufen oder Reitunterricht nehmen. Aber im Reitunterricht bekommt man dieses Wissen nicht vermittelt, denn die Reitlehrer und Reitlehrerinnen haben dieses Wissen nicht. Sie bekommen es selbst nicht vermittelt. Man macht einfach das, was alle tun. Man könnte meinen, dass die Deutsche Reiterliche Vereinigung mit dem FN-Ausbildungsystem (oder ähnliche Institutionen) dafür da sind, um den Reitern das nötige Wissen oder Orientierung zu vermitteln. Wenn man aber die Anforderungen für die Reitabzeichen sieht, dann ist es sehr schnell klar, wie es um Anatomiewissen und Sorgfaltspflicht dieser Institutionen steht. Es wird verlangt, dass das Pferd mindestens fünf Jahre alt sein muss, aber das Pferd muss schon Dressurlektionen zeigen, Springen und weiteres. Das heißt, wenn man dem folgt, dann muss man sein Pferd schon mit drei einreiten, oder? Und das ist nämlich genau das, was in der Praxis auch passiert. Schon mit Babys von zwei Jahren wird Bodenarbeit gemacht. Wenn man sich dessen wirklich bewusst wird, dann begreift man auch wie monströs das ist, was uns täglich umgibt. Und wie schnell wir hier eine Lösung brauchen. Institutionen, die mit dem Organisieren der Turniere Geld verdienen, haben kein großes Interesse daran, die Reiter aufzuklären oder sich für die Pferde einzusetzen. Also müssen wir uns aus der Sicht des Tierschutzes mit dieser Thematik beschäftigen. Und wir müssen so viele Reiter wie möglich aufklären, denn die meisten Reiter wollen ihren Pferden nicht weh tun.

Auch eine wichtige Arbeit ist es, das Publikum aufzuklären. Wenn Menschen lernen, welchen gesundheitlichen Schaden die Pferde davontragen, wenn sie im sogenannten Reitsport eingesetzt werden und warum man Gebisse dazu braucht – egal welche! – dann werden die Menschen diese Events nicht mehr besuchen. Sie werden nicht applaudieren, wenn sie ein Pferd springen sehen oder wenn das Pferd eine Dressurlektion zeigt, sondern sie werden in die Augen der Pferde schauen und den Schmerz erkennen können, den sie leiden. Wer will schon so etwas unterstützen?

Die Enden der Dornfortsätze des Th3 gehen in Tuberositas processus spinosus über. Sie bilden die Epiphyse (Knochenende) (nicht zu verwechseln mit dem kleinen Organ, das am Zwischenhirn sitzt und ebenfalls Epiphyse oder auch Zirbeldrüse genannt wird), welche ihre Entwicklung zwischen dem halben und dem ersten Lebensjahr beginnt und ihre Form mit dem Ende des dritten Lebensjahres erreicht. **Sie bilden wiederum die Epiphysenscheiben, deren Wachstum zwischen dem 7. und dem 15. Lebensjahr endet (Grimmelmann, 1977)!**

Das führt nun zu dem Schluss, dass KEIN Pferd geritten werden sollte, bis wenigstens das fünfte Lebensjahr vollendet ist.

– ALLE Veterinäre lernen dieses, wenn ihre Spezialisierung in Richtung Pferde geht. WARUM unterrichten sie die Menschen nicht?

– Warum empfehlen sie das Reiten als Therapie, die angeblich den Pferden bei Gesundheitsproblemen helfen soll?

– Warum erfüllen sie nicht die Grundsätze und die Ziele ihrer Berufung?

– Warum helfen sie nicht den Pferden, die geritten werden und deren Gesundheit somit nachhaltig vor ihren Augen Schaden nimmt?

Vielleicht könntest du liebe Leserin, lieber Leser diese Fakten niederschreiben und sie deinem Veterinär zur Verfügung stellen. Ich wäre dir sehr dankbar, wenn du mir seine Antworten zusenden würdest.

Die Wirbelsäule des Pferdes hat für die Zwecke des Reitens keine gute Flexibilität. Im Zuge des Reitens kommt es zu Schäden, welche diese Flexibilität immer mehr einschränken. Folgende Bewegungen sind möglich:
– Lateroflexion (Bewegung nach links oder rechts)
– Dorsoflexion (Aufwölben)
– Ventroflexion (Senken)
– axiale Rotation (Rotation um die Längsachse – longitudinale Axis)
Durch die dorsoventrale Bewegung der Wirbelsäule ändert sich der Abstand zwischen den Dornfortsätzen. Dalin und Jeffcott (1980) haben diesen Abstand im Bereich Th10 bis L2 gemessen. Bei maximaler Dorsoflexion wurden 0,8 bis 3,8 Millimeter und bei maximaler Ventroflexion 1,1 bis 6,0 Millimeter gemessen. Der kleinste Abstand wurde bei dieser Untersuchung jedoch im mittleren Bereich (Th13 bis Th15) gemessen, das heißt in der Sattellage.

Hierbei wird nun klar, dass die Dornfortsätze der Wirbelsäule einander beim Reiten sehr nahe kommen. Die Wirbelkörper bewegen sich ventral voneinander weg und werden durch das Ligamentum Longitudinale ventral gehalten. Wird das Pferd nun ohne freie, natürliche Versammlung geritten, dann ergibt sich eine extreme Senkung des Rückens und das Pferd fühlt – in Abhängigkeit vom Reitergewicht – nach kurzer Zeit Schmerz.

Die Bandscheiben stehen unter schwerem Druck. Pferde, die nicht durch die Angst vor Strafe eingeschüchtert sind, zeigen diesen Schmerz deutlich.

Freie Pferde zeigen den freien Willen. Sklaven haben keinen Willen. ❧

»Der Schaden am epaxialen Gewebe der Wirbelsäule ist die meistverbreitete Ursache für Rückenschmerzen beim Pferd (Jeffcott, 1993).«

Um diese Studie zu komplettieren, müssen wir uns die Muskulatur des thorakalen und lumbalen Teils der Wirbelsäule anschauen. Dalin und Jeffcott (1980) unterteilen die Muskeln des Pferderückens in drei Gruppen:
– oberflächliche Muskeln: *M. trapezius, M. Cutaneus*
– tiefe Muskeln: *M. serratus dorsalis cranialis, M. serratus dorsalis caudalis, M. longissimus dorsi, M. multifidus dorsi, M. iliocostalis dorsalis, M. intertransversarii lumborum*
– sublumbale und gluteale Muskeln: *M. psoas minor, M. psoas major, M. iliacus, M. quadratus lumborum, M. glutealis medialis*

Der für uns relevanteste Muskel ist der *Musculus longissimus*, welcher aus verschiedenen Teilen besteht: *Musculus longissimus lumborum, thoracis, cervicis, atlantis*. Der *Musculus longissimus* dehnt und stabilisiert die Wirbelsäule und hilft beim Tragen der Körperlast. Bei der unbeweglichen Vorhand biegt er den Rücken und hebt die Kruppe, wie zum Beispiel beim Ausschlagen. Bei der unbeweglichen Hinterhand hilft er beim Heben des Thorax. Der *Musculus iliocostalis* stabilisiert den thorakalen und lumbaren Bereich und hat Einfluss bei der Lateroflexion (seitlichen Abstreckung). Der *Musculus iliopsoas* ist mitverantwortlich beim Biegen der Wirbelsäule im Stand (dorsal konvex).

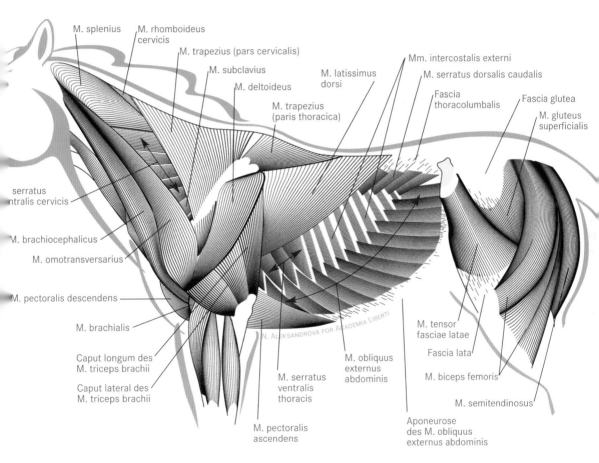

191

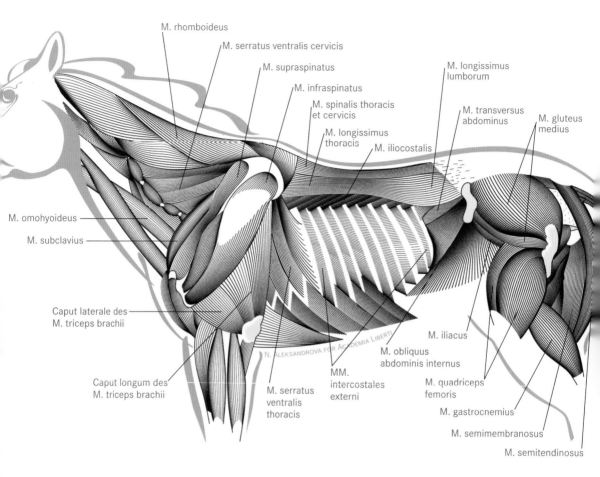

M. rhomboideus

M. serratus ventralis cervicis

M. supraspinatus

M. infraspinatus

M. spinalis thoracis et cervicis

M. longissimus thoracis

M. iliocostalis

M. longissimus lumborum

M. transversus abdominus

M. gluteus medius

M. omohyoideus

M. subclavius

Caput laterale des M. triceps brachii

Caput longum des M. triceps brachii

M. serratus ventralis thoracis

MM. intercostales externi

M. obliquus abdominis internus

M. iliacus

M. quadriceps femoris

M. gastrocnemius

M. semimembranosus

M. semitendinosus

Die Wirbelsäule des Pferdes steht unter permanentem Druck. Die Kräfte des Körpergewichtes im Schwerpunkt des Pferdes biegen die Wirbelsäule und zwingen das Pferd in eine unnatürliche Bewegung und Haltung. Um ein »Durchhängen« des Rückens zu kompensieren, muss der Körper gegen diese Kräfte arbeiten. Durch den kaudalen Teil des *M. longissimus* und der *Mm. multifidi* und den kranialen Teil der *Mm. spinales dorsi* (*thoracic et cervicis*) sind die Wirbel gegeneinander gepresst. Das hilft der Wirbelsäule sich zu stabilisieren und wirkt den dorsoventralen Kräften entgegen (Rooney, 1979).

Distorsion meint die Überdehnung als Schaden an den Bändern oder Muskeln durch Überarbeitung. Der kraniale Bereich der lumbalen Wirbelsäule ist der Bereich, wo solche Distorsionen am häufigsten lokalisiert werde. Viele Faktoren sind für das Auftreten der Distorsion verantwortlich, wie zum Beispiel ungenügendes Aufwärmen, langes Arbeiten mit dem Pferd (Reiten des Pferdes).* (Snow und Valberg, 1994; Turner, 1992). Alle diese Faktoren forcieren Muskelschwund und den Verlust von Elastizität und Koordination, wodurch wiederum weitere Distorsionen begünstigt beziehungsweise entstehen werden, da das Pferd versucht, bestimmte schmerzhafte Bewegungen zu vermeiden, was eben erneut zu Verspannungen und Distorsionen führt. Ein Teufelskreis!

Es ist wichtig immer die Auswirkungen der Haltung im Hinterkopf zu behalten. Wenn das Pferd in der Box oder auf kleinem Platz gehalten wird, dann hat dieses Pferd gesundheitliche Probleme – automatisch. Das Reiten kommt als zusätzliche Belastung hinzu, was bedeutet, dass das Pferd nonstop unter diesen Bedingungen zu leiden hat. In der Regel zeigt dies das Pferd auch, aber bedingt durch das bereits erwähnte Herdenverhalten und durch das fehlende Wissen können Menschen dieses Leiden nicht erkennen. Man denkt, dem Pferd fehlt nichts, es geht Schritt, Trab oder Galopp, es lahmt nicht. Doch nur weil ein Pferd nicht deutlich lahmt, ist es noch lange nicht gesund! Das ist aber bei weitem nicht der Fall. Das Pferd kann auf dem Weg zu einer ernsthaften Erkrankung sein und der durchschnittliche Reiter oder Trainer wird das nicht sehen. Reiten wie auch Longieren ist der sicherste Weg, um ein Pferd gesundheitlich zu schädigen.

Mayer hat 1996 geschrieben: »Durch die falsche Einwirkung des Reiters Hand und Sitz, welche direkten Einfluss auf den Hals und den Rücken des Pferdes nehmen, passieren dort dysfunktionale Überdehnungen, ungenügende Erholung und Dysfunktion des Bewegungstaktes.«

Academia Liberti hat eine klar definierte Stellung dazu: Jeder Sitz und jede Manipulation am Körper des Pferdes löst diese falsche Einwirkung aus, wenn das Pferd nicht darin geschult wurde, sich in freier, natürlicher Versammlung zu bewegen und wenn das Pferd nicht optimal und natürlich gehalten wird.

An dieser Stelle überlegen wir, das kann doch nicht sein, oder? Sobald der Mensch irgendeine Einwirkung ausübt, welche das Pferd aus seiner natürlichen Versammlung herausbringt (oder wenn sie gar nicht vorhanden ist), passieren automatisch dysfunktionale Überdehnungen.

*Academia Liberti definiert langes Reiten als: jedes Reiten, welches länger als 15 Minuten dauert.

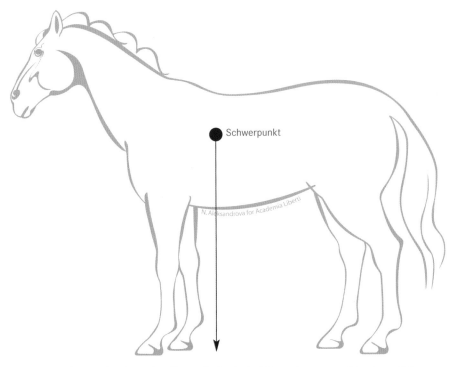

Insertionsdesmophatie meint die pathologische Veränderung an Bändern, Sehnen und Gelenkkapseln, bei der auch Knochen und das Periosteum meist mit involviert sind. Bei übermäßigem Stress an einer solchen Stelle kann es zu Weichgewebe- und Knochentraumata kommen, die im schlimmsten Falle sogar zu Abrissfrakturen führen können.

Diese Abrissfraktur ist eine Verletzung des Knochens an der Stelle, wo die Sehne oder das Band mit dem Knochen verbunden ist. Folgende histologische Veränderungen sind bewiesen:

– Auflockerung der kollagenen Faserbündel
– Verfettung und hyaline Verquellung von Bändergewebe
– herdförmige Massennekrosen (Gewebezerfall) im Bereich der Bänder und Knochen
– Chondrome (gutartige Tumorbildungen an Gelenken, Gelenkknorpelzubildungen) in Teilen des hyalinen kollagenen Bindegewebes

194

Am Anfang der Erkrankung kann eine Veränderung nicht röntgenologisch nachgewiesen werden!

Nur ein bereits erfolgter Abriss lässt sich im Röntgenbild darstellen.

Desmopathien (Knochenzubildungen durch Überlastungen von Muskeln, Sehnen, Bändern) sind am Ligamentum Supraspinale vor allem im Bereich Th15 bis L3 festzustellen und machen sich zum Beispiel durch Schwellungen und Schmerzreaktionen des Pferdes während des Palpierens (Abtastens) bemerkbar.

Dr. Gabriele Hüntemann hat 2007 zusammen mit Prof. Dr. Brunnenberg, Prof. Dr. Hartung und Prof. Dr. Keller eine Untersuchung über Insertionsdesmopathien des Lig. Nuchae an einer Gruppe von 180 Pferden durchgeführt.

Die Symptome waren: Pferde »geben nicht den Rücken« beim Reiten, haben Schwierigkeiten beim Biegen, zeigen Kopfschütteln (Headshaking), biegen sich nach außen und springen im Galopp. Und sind das nicht typische Symptome die man jeden Tag in den Reitställen beobachten kann?

Alle Pferde mit diesen Symptomen hatten nachweislich einen mittleren bis schweren medizinischen Befund an den Dornfortsätzen. Diese Symptome, die typisch für Pferde mit Rückenschmerzen sind, stehen im direkten Zusammenhang mit den Veränderungen, wie der Insertionsdesmopathie des Lig. nuchae at Os occipitale.

Verletzungen des Weichgewebes sind eine Hauptursache für Rückenschmerzen beim Pferd. Jeffcott hat 1980 eine Untersuchung an 443 Pferden vorgenommen:

38,8 % hatten Weichgewebstraumata, 22,37 % Distorsionen, eine Verletzung eines Bandes (Ligamentum) oder einer Gelenkkapsel, bei der die Kollagenfasern dieser Strukturen stark überdehnt werden) der Muskeln und Bänder als Folge eines Traumas.

Hier ist die Analyse der Diagnosen der 443 Pferde:
– Bänder-Distorsion: 117 Pferde = 22,37 %
– Stress-Myopathie: 7 Pferde = 1, 34 %
– Weichgewebsverletzung: 203 Pferde = 38,80 %
– Sakroiliitis: 69 Pferde = 13,19 %
– Luxation (eine Gelenkverletzung, die durch übermäßigen, passiven, unkontrollierten Gewalteinfluss entsteht) der lumbalen Wirbelsäule: 1 Pferd = 0,19%
– Neuritis der Cauda equina: 3 Pferde = 0,57 %

– Abszess des Rückenmarks: 2 Pferde = 0,38 %
– Chir. Komplikationen: 4 Pferde = 0,76 %
– Skoliose: 1 Pferd = 0,19 %
– Lordose: 7 Pferde = 1,34 %
 andere Gestaltveränderungen: 7 Pferde = 1,34 %
– Frakturen der Wirbelkörper: 5 Pferde = 0,96 %
– Frakturen der Dornfortsätze: 8 Pferde = 1,53 %
– Spondylopathie: 14 Pferde = 2,68 %
 andere deg. Veränderungen: 2 Pferde = 0,38 %
– Verletzungen der Wirbelsäule: 202 Pferde = 38,6 %
– Lähmung der Gelenke: 20 Pferde = 3,82 %
– Lahmheiten der distalen Extremitäten: 11 Pferde = 2,10 %
– Temperamentschwierigkeiten: 24 Pferde = 4,59 %
– Zahnprobleme: 11 Pferde = 2,10 %

Anzahl der Diagnosen: 523!
Ohne Befund: 37 Pferde = 7 %!

Weichgewebe-Verletzungen und die Verletzungen der Wirbelsäule sind sehr verbreitet, wie man sieht. Üblicherweise wird kein Tierarzt gerufen, wenn das Pferd diese Symptome zeigt, nicht wahr? Und wie viele Tierärzte sind in der Lage, dieses zu diagnostizieren?

Die sogenannte Rhabdomyolyse bezeichnet den rapiden Abbau des skelettalen Muskelgewebes durch dessen Verletzung. Dabei kommt es zu einer Auflösung der quergestreiften Muskelfasern, die unter anderem im Skelett vorkommt, aber auch am Herzen. Pferde mit Rhabdomyolyse zeigen klare klinische Symptome: Schwitzen, Angst, Zittern, Steifheit bis zu Myoglobinurie. Des Weiteren können Tachykardien, Tachypnoe und leichtes Ansteigen der Körpertemperatur eintreten. Die Pferde bewegen sich unwillig, in Fällen großer Erschöpfung kann das Diaphragma zu flattern beginnen und das Pferd kann sterben (Andrews, 1994; Snow und Valberg, 1994).

Rhabdomyolyse kann am Anfang und am Ende des Reitens oder während anderer schwerer Arbeiten mit dem Pferd eintreten. Die Krankheit bildet sich aber über einen längeren Zeitraum. Jede Übung, die akute Muskelschäden herbeiführt, kann theoretisch eine Rhabdomyolyse auslösen. Und weil die Pferde die

Bewegung ablehnen, kann es passieren, dass die Rhabdomyolyse mit Tetanus, Hypokalzämie oder Lähmung verwechselt wird. Manche Pferde zeigen dabei solche starken SCHMERZEN, dass diese sogar mit Koliken verwechselt werden.

Hodgson (1993), Snow und Valberg (1994) haben herausgefunden, dass die akute Rhabdomyolyse MEISTENS NACH SCHWERER ARBEIT (REITEN) AUF-TRITT. Sie tritt auf durch die Beeinträchtigung der wichtigen Membranpumpen, wie der Natrium-Kalium-Pumpe, Kalzium-Magnesium-Pumpe und Kalzium-AT-Pase-Pumpe. Die hohe Kalziumkonzentration erschwert die Oxidation der Mitochondrien, zerstört zelluläre Membranen durch Aktivierung der Phospholipasen, zerreißt die Myofibrillen durch Aktivierung von Proteasen und zerstört so das Zytoskelett.

Auch Lewis (1989) bezeichnet und beschreibt als »Tying-up-Syndrom« eine Erkrankung der Skelettmuskulatur, die nach langer erschöpfender Arbeit wie Reiten auftritt.

ES IST UNSERE AUFGABE, DIE SCHMERZEN, DIE DAS PFERD DURCH DEN MENSCHEN ERLEIDET, AUFZUDECKEN UND ZU ZEIGEN. ❧

Pferde wollen nicht geritten werden, weil das Reiten nur Schmerz für sie bedeutet. Es gibt bereits Menschen, die dieses erkannt haben und zu Recht behaupten können, dass sie ihre Pferde lieben, weil sie den Wunsch der Pferde nach Schmerzfreiheit und Wohlergehen respektieren … Aber da sind immer noch andere, die etwas mehr Zeit zum Verstehen brauchen. Hier eine Hilfe dazu.

Thorakales Interspinales Syndrom (TIS)/Kissing-Spine-Syndrom (KSS)

Die wissenschaftlichen Beweise sind so zahlreich und offensichtlich, sodass man nur ein Veterinärbuch aufschlagen braucht und sie alle finden wird. Somit kommen wir zu dem häufigsten Problem, welches der Mensch am Pferd verursacht: dem Kissing-Spine-Syndrom.

Mit der Bezeichnung »Thorakales Interspinales Syndrom« definiert man verschiedene pathologische Veränderungen an den Dornfortsätzen und den kleinen Wirbelgelenken (Randelhoff, 1997):
- Annäherung und Berührung der Dornfortsätze im Wirbelsäulenabschnitt mit dorsoventraler Beweglichkeit (zwischen Th2 und Th17)
- Insertionsdesmopathien am *Lig. supraspinale* und an den *Ligg. interspinalia*

Geliebte Leser, warum tritt KSS hauptsächlich in der Sattellage auf?

– Exostosen am Dornfortsatz, einzeln oder herdförmig
– Osteophytenbildung
– zystenähnliche Defekte
– Pseudoarthrosenbildung
– leistenartige Zubildungen in mittlerer Höhe an der kranialen Kante des Dornfortsatzes
– Spondylarthropathia deformans an den kleinen Wirbelgelenken

Das KSS tritt hauptsächlich im Bereich der SATTELLAGE zwischen Th12 bis Th17 auf (Jeffcott, 1980; Hickman, 1975; Townsend, 1986). Das klinische Bild des KSS zeigt eine Annäherung der thorakalen und lumbalen Dornfortsätze, welche im fortgeschrittenen Prozess überreiten und anschließend zusammenwachsen.

DIE DISPOSITION FÜR KSS HÄNGT NUR DAVON AB, WIE DAS PFERD »BENUTZT« WURDE, UND HAT MIT DER RASSE ODER DEN GENEN NICHTS ZU TUN. DIE BEIM SPRINGREITEN, DEM MILITARY UND DEM VIELSEITIGKEITSSPORT »BENUTZTEN« PFERDE HABEN MEIST VERSCHOBENE DORNFORTSÄTZE UND NEIGEN VERMEHRT ZUM KSS.

Als die auslösende Ursache für KSS wird das Reitergewicht angesehen, da KSS am häufigsten im Bereich der Sattellage auftritt (Jeffcott, 1980a, 1993; v. Salis, Huskamp, 1978). Und wenn man die Zeit, welche die Dornfortsätze zum Wachsen brauchen, in Betracht zieht, dann können wir annehmen, dass alle Pferde, eingeritten vor der Vollendung des fünften Lebensjahres, diese Symptome aufweisen sollten.

Symptome des KSS: Jeffcott betrachtet das Berühren der Dornfortsätze als Ursache für Rückenschmerzen beim Pferd, die es mit der Veränderung des Verhaltens und Widerwillen anzeigt.

Von Salis, Huskamp und Jeffcott sind gleicher Meinung über die folgenden Symptome:
– Wegdrücken des Rückens beim Aufsatteln
– Aufblasen beim Angurten
– Befolgen der Zügelkommandos nur unter Schwierigkeiten
– reduzierte Hinterhandaktion besonders, beim Springen
– wiederkehrende Hinterhandlahmheiten
– Verweigerung der Hintergliedmaßen an den Hufschmied
– keine klaren Gänge
– Sprungverweigerung

Der beste Beweis wie krank unsere Pferde sind (die aber klinisch als gesund eingestuft werden) liefert die Studie aus der Tierklinik Telgte. Vor dieser Untersuchung wurden keine Rückenprobleme bei den Pferden festgestellt, danach aber waren nur 8 Prozent der Pferde ohne medizinischen Befund. Diese Studie ist einsehbar unter: http://edoc.ub.uni-muenchen.de/5777/1/Holmer_Matilda.pdf.

Dämmrich (1993) behauptet, dass KSS durch ventrales, wiederholtes Absenken der Wirbelsäule (Reiten) verursacht wird. An den *Ligg. interspinalia* reißen Fasern.

Kreling (1995) hat bei 66 Prozent der Pferde KSS entdeckt!

Townsend (1986) hatte mittels Mazeration (ist ein physikalisches Verfahren, bei dem ein Körper oder Gegenstand einige Zeit der Einwirkung einer Flüssigkeit wie zum Beispiel Wasser, Öl oder Alkohol ausgesetzt wird) bei 86 Prozent der untersuchten Pferde KSS entdeckt.

Wir müssen uns dieser Zahlen bewusst werden. Wir müssen uns bewusst werden, dass das Reiten zwangsläufig zu einem gesundheitlichen Schaden für das Pferd führt. Wir brauchen nicht mehr die Ausreden, die wir gern benutzen, um das Reiten uns selbst gegenüber zu rechtfertigen. Vielmehr brauchen wir den Mut, uns diesen Fakten zu stellen und eine Entscheidung für das Wohl unserer Pferde zu treffen und zu leben. Ein Beispiel für die anderen zu sein. Ein Beispiel dafür zu sein, dass man aus Liebe handelt und nicht aus Selbstsucht.

Aber wenn ich die Diskussionen zwischen den Tierärzten lese, dann argumentieren diese so:

Beinahe ein Drittel (31,9 Prozent) aller Pferde in dieser Untersuchung hatten Deformationen an den Dornfortsätzen. Jeffcott (einer der weltbekannten Pferdeexperten) betrachtet solche Deformationen, wie auch Distorsion der *Lig. supraspinale*, nicht als Grund für die reduzierte Leistung des Pferdes!

Geliebte Leser, wir halten hier an und müssen diese Aussage noch einmal lesen:

Beinahe ein Drittel (31,9 Prozent) aller Pferde in dieser Untersuchung hatten Deformationen an den Dornfortsätzen. Jeffcott (einer der weltbekannten Pferdeexperten) betrachtet solche Deformationen, wie auch Distorsion der *Lig. supraspinale*, nicht als Grund für die reduzierte Leistung des Pferdes!

Ein Tierarzt, ein Experte für die Pferde, betrachtet diese Deformationen nicht als Grund für die reduzierte Leistung des Pferdes …

Mir fehlen die Worte dazu.

Solange wir solchen Experten folgen, werden wir noch viele unschuldige Pferde auf Rennbahnen oder bei anderen »Sportveranstaltungen« sterben sehen.

Also dürfen wir nicht auf solche Menschen hören. Vielmehr sollten wir unser eigenes Gefühl schulen, damit wir erkennen können, was mit unseren Pferden passiert. Und die kritischen und fragenden Stimmen sind sogar unter den Tierärzten vorhanden. Die junge Tierärztin Matilda Holmer hat in ihrer Dissertation nur abschließend aussagen können, dass eine so hohe Prozentzahl (82,1 Prozent) der Pferde in der Gruppe B, die solche pathologischen Deformationen haben, nur auf »Abnutzungserscheinung« durch den Gebrauch der Pferde zurückzuführen ist! Und auch, dass eine so große Zahl der Pferde (82,1 Prozent), die als »gesund« befunden worden sind, aber dennoch verkürzte Abstände zwischen den Dornfortsätzen mit Sklerose und/oder Rarefikation aufweisen, nur an einer »normalen« Deformation durch das Reiten liegen kann!

Nach seiner Untersuchung mit 86 Prozent der Pferde mit KSS verlangte Townsend, dass KSS nicht als klinisch relevant eingestuft wird, bis das Pferd offensichtliche Schmerzsymptome zeigt!

Bedarf diese Aussage überhaupt irgendeines Kommentars?

Ich kann diese Missstände nur mit der Annahme erklären, dass diese »Experten« das Pferd als Gebrauchsgegenstand ansehen.

Aber wir haben heutzutage ein anderes Bewusstsein. Glücklicherweise entwickelt sich die menschliche Rasse weiter. Und wenn ich mich umschaue und die Masse junger Leute sehe, die etwas verändern wollen, habe ich die Hoffnung, dass eine neue Generation Tierärzte aufkommt, die sich fortschrittlicher entwickelt hat als ihre Lehrer. Ich hoffe, dass wir mithilfe dieser Tierärzte das Bewusstsein der Menschen erweitern für das, was mit den Pferden passiert.

Neulich habe ich dieses von Dr. Birgit Mosenheuer gelesen:

»Pferde haben Erkrankungen überwiegend im Bewegungsapparat, denn Pferde sind naturgemäß nicht zum Reiten gedacht, wir verwenden sie nur dazu. Sie haben Erschöpfungszustände und Überforderungsprobleme, besonders im Rücken und in den Gelenken.«

Von solchen Tierärzten erhoffen wir, dass sie die Zukunft der Pferde verändern und Menschen aufklären. Ich glaube, es ist nicht notwendig, in diesem Kapitel weiterzuschreiben, weil diese Betrachtungen für jede Person mit klarem Verstand eigentlich genügend Beweise geliefert haben sollten.

Zusammenfassung:

Reite niemals ohne FREIE Versammlung, das verursacht enorme Schäden am Pferdekörper. Das Märchen, dass das Vorwärts-abwärts-Reiten den Pferdekörper nicht schädigt, ist mit anatomischen Fakten widerlegt worden.

Die Ligamente heben den Pferderücken, wenn der Kopf heruntergenommen wird:

Aber wenn ein Reiter auf dem Pferd sitzt, dann sinkt die Wirbelsäule, weil kein Ligament dazu in der Lage ist, das unnatürliche Gewicht zu tragen.

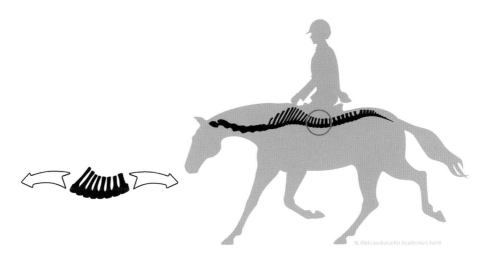

201

N. Aleksandrova for Academia Liberti

Verlange niemals von deinem Pferd, dass es springt: Das ruiniert seine Wirbelsäule und die Gelenke.

Ich denke, dass spätestens diese Studie ein Augenöffner für jeden Pferdebesitzer sein sollte. Ich glaube, kein Pferdehalter wird sein Pferd schädigen wollen. Er wird die Bücher aufschlagen und die Pferdeanatomie studieren, um andere Leute aufzuklären, was durch das Reiten passiert.

Wir ermutigen Reiter, einen Weg zu finden, ihre Pferde ohne Schäden für deren Gesundheit reiten zu können (welches in aller Ehrlichkeit immer zum Nicht-Reiten führen wird). Es wird sicherlich kein antiquiertes Reiten sein, wie wir heute noch beobachten können. ❧

202

XI.

Ich habe so viel gelernt und mich weiterentwickelt. Ich habe Wunderbares mit meinem Pferd erreicht. Ich bin als Mensch gewachsen und kann dazu beitragen, mein Wissen zu verbreiten, um diese Welt für uns alle Wesen und insbesondere für die Pferde zu verbessern. Mir stehen jetzt alle Wege offen und ich bin bereit, diese Reise fortzusetzen

Geliebte Leserin, geliebter Leser, langsam nähern wir uns dem Ende dieses Buches. Es soll den Menschen dienen und es soll dem Wohl der Pferde dienen. Wenn du das alles umgesetzt hast, was in diesem Buch geschrieben ist, dann lebst du nicht mehr das Leben, das du vorher gelebt hast. Denn die Pferde haben dir eine andere Welt gezeigt.

Und wenn du das alles erlebt, erfahren hast, dann gibt es für dich keinen Weg mehr zurück. Einmal den Fuß auf den Pfad der Wahrhaftigkeit gesetzt, ist es unmöglich, in den Scheinwelten zu leben. Der Nebel hat sich gelichtet, man sieht viel weiter, weiß so vieles mehr: Es ist eine andere Wahrnehmung. Es gibt noch so einiges, was vor dir liegt, was sich dir offenbaren wird. Eine Freundin sagte einmal, mit unserer Arbeit geben wir die Schönheit wieder zurück, wir erneuern die Schönheit in den Menschen und die Pferde helfen einfach dabei. Aber was ist die Schönheit in uns?

Ich glaube, die Schönheit eines Menschen wächst mit den Erkenntnissen, die er gewinnt. In diesem Prozess des Wachstums und innerlichen Reichtums liegt die wahre Schönheit des Lebens und der Menschen. In der Fähigkeit zu verstehen und über eigene Grenzen zu gehen …

Viele von uns dachten, dass Reiten ein stolzer Sport sei. Das wird von der ersten Reitstunde an immer wieder gesagt. »Nimm die Schulter zurück, sitze gerade, das Reiten ist ein edler Sport.« Und wie edel die Reiter nur aussehen, in ihrer typischen Kleidung, dem Reitstil angemessen, hoch zu Ross …

Foto: *Jedes Baby braucht Geborgenheit und Wärme. Das kleine Fohlen ist voller Vertrauen, ein unschuldiges junges Leben. Hoffentlich wird es nie in seinem Leben die Grausamkeit der Menschen kennenlernen.*

Der Schmerz, der einen zum Reiten bringt, kann viele Gesichter haben. In dem Moment, in dem wir uns dem neuen Weg mit dem Pferd und zu uns selbst öffnen, darf der Verstand von dem Herzen lernen. Unser »gesunder« Menschenverstand ist mit vielen ungesunden Gedanken vorbelastet, die wir von Generation zu Generation übernommen haben. Sie erzeugen Mangel, Leid und Krankheit. Wir können uns einem neuen Denken öffnen und anstatt den Kampf und den Druck weiter zu verfolgen, die Geschenke des Lebens entdecken und genießen. Indem wir die Erleichterung auf dem Pferderücken suchen, verstärken wir nur das, was uns dazu bringt, ein Tier auf diese Weise zu benutzen. Wenn man aber in sich gewachsen ist, wenn man den schlimmsten Schmerz in sich selbst ERKANNT und geheilt hat – dann ist man in der Lage, mehr zu sehen. Dann sieht man durch diese Maske hindurch, hinter der sich die Reiter verstecken (müssen), hinter der man sich selbst versteckt hat. Man sieht dahinter und empfängt den Schmerz des Pferdes, man ist nicht mehr blind dafür. Man fühlt das Leben mit all seinen Facetten und mit allen seinen Kreaturen. Dann ist der Anblick eines Reiters (wie er reitet, ob mit Gebissen oder ohne, spielt ab diesem Punkt keine Rolle mehr) gar nicht mehr edel.

Dieser Anblick schmerzt.

Das Pferd spricht.

Das Pferd erzählt die Leidensgeschichte des Menschen, der auf seinem Rücken sitzt.

Das Pferd lügt nicht. Und wir können es sehen.

Foto: Mensch und Pferd vereint in dem Verständnis füreinander. In Freundschaft. Es bedarf keines Führstricks mehr, das Pferd schließt sich an in stiller Verbundenheit auf dem malerisch romantischen Spaziergang an einem verschneiten Wintertag.

Immer wenn du Lust verspürst, das Pferd zu besteigen, dann wirst du (wenn du dich auf diese Entdeckungsreise zu dir selbst machst) den eigenen Schmerz erkennen können. Du wirst feststellen, NUR WENN DU SCHMERZ IN DIR HAST, HAST DU AUCH DEN WUNSCH ZU REITEN. Das ist eine große und wichtige Lektion. Dieses geschieht unbewusst. Erkenne dich selbst. Diese Erkenntnis wird dich in deiner Entfaltung weiterbringen.

Bis du BEWUSST (sein) wirst.

Dann sehen wir den Menschen an, sein Pferd, die Kommunikation und das Geschehen zwischen den beiden und wir kennen die komplette innere Geschichte dieses Menschen und dieses Pferdes. Wir wissen, warum sie das tun, was sie tun, warum sie da sind, wo sie sind, und wir sehen den Weg, den sie beschreiten »sollten«, um auf den Punkt zu kommen, wenn der Schmerz geheilt ist. Für beide.

Es ist immer ein Wechselspiel: Warum hat dieser Mensch genau dieses Pferd? Warum BRAUCHT dieser Mensch diese Erfahrung und warum muss dieses Pferd da durch? Ein Pferd ist ein hochsensibles Tier, es ist ein Wächter und ein Spiegel. Das Pferd wird jeden Tag mit seinem Menschen kommunizieren, es wird jeden Tag versuchen, dem Menschen den Weg zu zeigen. Wenn der Mensch hört, sieht, wahrnimmt, dann entwickelt er sich weiter. Das Pferd wird dann automatisch etwas anderes spiegeln … den nächsten Schritt, den der Mensch setzen »soll«. Wenn der Mensch nicht wahrnehmen kann, dann wird das Pferd verzeihen. Tag für Tag wird es seinem Menschen verzeihen und warten – bis er so weit ist.

Das ist die Situation, wenn eine Freundschaft besteht.

Sich auf diese Reise zu begeben, erfordert Mut. Sicherlich auch Bereitschaft. Je nachdem, wo man steht, erfordert es Umdenken, Loslassen, Öffnen, Entblößen, Kontrolle lassen, Anerkennen.

Es erfordert einfach die Bereitschaft zu wachsen.

Es gibt ein individuelles Bewusstsein und es gibt ein kollektives Bewusstsein. Viele Menschen benutzen die Pferde zum Reiten, weil das kollektive Bewusstsein noch nicht so weit ist. Wir sind da, um dieses Bewusstsein zu erweitern. Jetzt gibt es schon so viele Institutionen oder Schulen, die diesen »besseren« Umgang mit dem Pferd vermitteln wollen. Und diese Entwicklung setzt sich weiter fort.

Das bedeutet in der Praxis Folgendes: Das Pferd wurde vom Menschen von seinem Rücken aus zum Zweck der Heilung benutzt. Auch ich wurde durch die Pferde

Foto: *Neues Leben in der Freiheit geboren. Erlaubt so zu leben, wie die Natur es vor-gesehen hat. Eine heile Welt.*
    – Academia Liberti Zentrum, Polen.

geheilt, und zwar als ich noch geritten bin. Oder besser gesagt, ein Heilungsprozess wurde eingeleitet, damals aber erschien mir das schon als Heilung.

Wenn ich aber das gewusst hätte, was ich jetzt weiß, dann hätte ich NIEMALS meine Heilung (buchstäblich) auf dem Rücken meines Pferdes ausgetragen. Es gibt einen besseren, direkteren Weg.

Im Rahmen der Heilung mit den Tieren verbunden und am Ende dieses Buches angekommen, möchte ich gern noch etwas anderes erwähnen. Im Leben ist alles miteinander verbunden, das Eine ergänzt das Andere, wo das Eine aufhört, fängt das Andere an und somit sind wir alle miteinander verbunden. Ich kann keinem anderen, sei es einem Tier oder einem Menschen, einen Schaden zufügen, ohne mich selbst zu verletzen. Ich glaube, in diesem tiefen Verstehen liegt eine weitere Entwicklungsstufe. Als ich anfing, mich für diese Art und Weise des Umgangs mit dem Pferd zu interessieren, wurde ich mit dem Essen von Tieren konfrontiert. Bis zu diesem Punkt habe ich einfach gegessen. Unbewusst eben. Das, was ich gewohnt war, das, was mir geschmeckt hat – ich habe mir nie viele Gedanken darüber gemacht. In dieser Zeit dachte ich, dass ich ein Tierfreund sei. Nun fand ich mich unter den Menschen wieder, die Vegetarier und Veganer waren, und es war für mich sehr neu, mich mit diesem Gedankengut zu beschäftigen. Die Gedanken, die diese Menschen geteilt haben, waren: Alle Tiere sollen mit Respekt und Liebe behandelt werden, nicht nur die Pferde. Oder: Wenn man sich spirituell entwickeln möchte, dann sollte man darauf verzichten zu töten und tote Körper zu essen. Unsere Körper sind keine »Gräber« für die Tiere. Warum sind alle spirituellen Führer, alle die Menschen, die weise Worte gesprochen haben, die wir verehren und deren Worte wir als Weisheiten weiterreichen, Vegetarier oder Veganer?

Unabhängig von dem Leid, das die Tiere zu erfahren haben, bis sie auf unseren Tellern landen, haben alle diese Gedanken mich bewegt. Ich war empört zu erfahren, dass es Menschen gibt, die Pferdefleisch essen, sogar Reiter! Aber dann fragte ich mich, wo ist der Unterschied zwischen meinem geliebten Pferd oder einer Kuh? Oder meinen Hunden, Katzen und einem Schwein? Ich kam zu dem Schluss: Es gibt keinen Unterschied. Wenn wir in die Augen von Kühen, Schweinen, Ziegen und Schafen blicken, dann sehen wir Kinder, voll Vertrauen zu uns – sie sind uns mit kindlicher Unschuld und Zerbrechlichkeit ausgeliefert. Sie sind Erdlinge so wie wir auch, sie sind nicht hier, um von uns gegessen zu werden. Wir irren uns so schrecklich und erkennen unsere und ihre wahre Bestimmung nicht. Wir stehlen so viel von uns selbst und schädigen uns damit. Ich las immer mehr darüber, ich sah plötzlich alle diese großartigen Menschen, Tierfreunde, diese weisen Männer und Frauen, die das schon so lange vor uns erkannt haben, die es immer wieder gesagt haben, in dem Versuch, den Menschen die Augen zu öffnen. Die Liste dieser Menschen ist endlos (Pythagoras, Siddhartha, Plutarch, Jesus, Martin Luther King Jr., George Bernard Shaw, Gandhi, Jeremy Bentham, Leo Tolstoy, Leonardo da Vinci, Isaac Bashevis Singer, Theodor Adorno, Albert Einstein, Albert Schweitzer, Benjamin Franklin, Mark Twain, um nur ein paar zu nennen).

Mich haben zwei Gedanken, die ich las, sehr geprägt. Zum einen war es die Szene in dem Roman von Isaac Singer über einen jüdischen Mann, der in New York lebt und dessen ganze Familie von den Nazis ermordet worden war. In seiner Wohnung hat er eine Maus, um die er sich kümmert und die seine einzige Vertraute ist. Er fühlt sich der Maus tief verbunden, sie ist das einzige Wesen, das alles mit ihm teilt. Er wird krank und kann sich nicht mehr um die Maus kümmern. In seiner Verzweiflung betet er für sie und spricht: »Was wissen sie schon, all diese Gelehrten, diese Philosophen, die Führer der Welt, über dich und deinesgleichen? Sie haben sich eingeredet, der Mensch, der schlimmste Übeltäter unter allen Lebewesen, sei die Krone der Schöpfung. Alle anderen Kreaturen seien nur erschaffen worden, um ihm Nahrung und Pelze zu liefern, um gequält und ausgerottet zu werden. Ihnen gegenüber sind alle Menschen Nazis; für die Tiere ist jeden Tag Treblinka.«

Diese Zeilen haben mich tief berührt. Egal welcher Krieg es war, wenn sich die Menschen erhoben haben, andere Menschen zu töten, wenn man um sein eigenes Leben fürchten und mit ansehen muss, wie geliebte Menschen getötet werden (passiert jeden Tag auf dieser Welt), dann wird man eventuell verstehen, was Tiere für den Menschen bedeuten. Wenn man in der Lage ist, mit den Tieren eine spirituelle Verbindung einzugehen, dann wird man erkennen, wie falsch das ist, was wir ihnen antun. Wir sind die schrecklichen Wesen und das Problem auf dieser Welt …
So viele Menschen erfahren jeden Tag Leid, beten um Vergebung oder Gesundung … aber wie können wir von Gnade sprechen oder um Gnade bitten, wenn wir selbst Blut von unschuldigen Kreaturen vergießen? Wer nur einmal die Bilder gesehen hat, wie wir die Tiere behandeln, nur damit wir sie essen können, ihr geschundenes, krankes, mit Medikamenten behandeltes, in jeder Faser von Leid erfülltes Fleisch (Milch, Käse et cetera), der weiß, dass das falsch ist. Das ist unmenschlich. Und das macht den Menschen krank.

Und dann gibt es einen Satz von Albert Schweitzer, der so einfach ist und der alles in sich beinhaltet: »Ich bin das Leben, das leben will, inmitten von Leben, das leben will.«

Genauso, wie wir leben wollen, wollen sie auch leben. Genauso wie die Angst vor dem Tod in den Augen der Menschen sichtbar ist, genauso können wir sie auch in den Augen der Tiere sehen. Sie haben die gleichen Gefühle wie wir.

Erst später offenbarte sich mir auch das ganze Spektrum der gesundheitlichen Vorteile, die sich durch eine vegane Kost ergeben. Ich verstand, der Mensch isst deren Fleisch, aber deren Fleisch frisst den Menschen von innen auf und macht ihn krank. Es ist einfach ein unglaublicher Ausgleich, den wir da beobachten können. Alles in der Natur verlangt nach Ausgleich, nach Harmonie. Was im menschlichen Körper durch den Konsum tierischer Produkte passiert, ist sogar messbar und bewiesen. Wer sich mehr damit beschäftigen möchte, wie verschiedene Zivilisationskrankheiten durch einfache Umstellung der Ernährung geheilt werden, dem empfehle ich den Film »Forks over Knives« – ein wahrer Augenöffner für das, was nicht nur Fleisch, sondern auch gesund geglaubte Milch und Milchprodukte im Menschenkörper anrichten. Auch sehr aufschlussreich ist die weltbekannte »China Study« von Dr. T. Colin Campbell, PhD und Thomas M. Campbell.

Sehr interessant ist, dass wir aufgrund dessen, was wir entdeckt und propagiert haben, zu Beginn von der Pferdesportindustrie und auch von vielen Reitern angegriffen wurden. Da sehe ich auch große Parallelen zu den Tierrechtsaktivisten. Heute aber haben wir immer mehr Befürworter, genauso wie die vegane Bewegung. Ich sehe es als einen Prozess, der immer schon stattfand. Erst erwachen die Individuen, die außergewöhnlichen Menschen, die Wegweisenden, die Leuchtfiguren. Am Anfang sind sie eine Minderheit, dann verbreitet sich dieses Gedankengut immer weiter und es wird irgendwann eine Gruppe daraus. Mit der Zeit erwachen immer mehr Menschen, denn die Wahrheit lässt sich nicht aufhalten, und solche, die nicht mehr lebensfähig sind und sich nicht dem Neuen anpassen können, sterben mit den alten Strukturen ab, um es mal nüchtern zu beschreiben.

Es war auch interessant zu beobachten, wie Menschen mit verschiedener Ausgangsbasis zu gleichem Verständnis kommen. Wie ich zum Beispiel mein Pferd nicht geritten habe, aber Fleisch aß und mich als Tierfreundin sah, so gibt es Menschen, die vegetarisch oder vegan leben und sich als sehr tierfreundlich sehen, aber ihr Pferd nach wie vor reiten und ihm gesundheitlichen Schaden zufügen. Die Frage wurde mir schon mehrmals gestellt: Kann ich ein Tierfreund sein und Gutes für die

Tiere leisten, auch wenn ich mein Pferd reite? Ich denke, bis zu einem gewissen Maße, ja. Man kann reiten und eben eine vegane Lebensart pflegen, da hat man schon einigen Tieren geholfen. Oder man kann eben Fleisch essen, aber sehr lieb zum eigenen Hund, zur Katze oder zum Pferd sein, das man eben nicht reitet. Man ist nur unbewusst in Bezug auf das Andere. Es ist kein Problem unbewusst zu sein, denn das Bewusstsein erfüllt einen, wenn man dafür bereit ist. Das Problem ist, etwas zu wissen und dennoch unethisch zu handeln. Das ist dann verwerflich.

Wenn man es versteht, aber Schwierigkeiten hat, dieses umzusetzen, dann glaube ich, ist das nicht einfach Gewohnheit, sondern weil man es rational verstanden hat, aber emotional nicht. Man ist noch nicht bewusst. Erst wenn einen das Bewusstsein tief erfüllt, sodass man alle Konsequenzen klar vor sich sieht und alles fühlen kann, für sich und die anderen, für das Ganze – dann ist das überhaupt nicht schwer. Es ist dann selbstverständlich. Kollektives Bewusstsein ändert und erweitert sich auch, weil die Menschen anfangen zu verstehen, dass es nicht in Ordnung ist, einem Wesen Schaden zuzufügen, aus welchem Grund auch immer. Eine Heilung ist nur dann eine Heilung und vollständig, wenn sie für alle heilsam ist. Eine Heilung kann nicht auf Kosten anderer geschehen, sei es eines Tieres oder eines Menschen.

In Bezug auf den Menschen sind die Pferde die Pförtner zu des Menschen Höherem Selbst. Eine bedingungslose Liebe, Erleuchtung, ein Höheres Selbst – wie man es auch immer nennen mag – ist für die Pferdeleute durch das Pferd zu erreichen. Das Pferd spiegelt alles. Mehr als jedes andere Tier ist es in der Lage, den Menschen zu führen – wenn der Mensch das erlaubt. Der Mensch muss aber innerlich wachsen, um eigenen Schmerz überwinden beziehungsweise heilen zu können, damit er erst den Schmerz des Pferdes erkennen kann. Und dann weiterwachsen, um zu erkennen, dass das Pferd sein Tor ist. Es ist ein Heilungsprozess mit dem Ziel, dass der Mensch das Pferd nicht mehr (ge)brauchen muss, um eigenen Schmerz zu heilen. Er soll eine andere Dimension der Kommunikation betreten können und Erkenntnisse gewinnen, die sein Leben vollkommen verändern werden. Wenn kein Schmerz mehr da ist, dann gibt es keinen Wunsch mehr, das Pferd zu besteigen.

Solange du den Wunsch hast, das Pferd zu reiten, bist du nicht frei.

Erst wenn dieser Wunsch nicht mehr da ist, wirst du erkennen können, dass das Reiten ein Privileg ist und dass es doch geschehen kann – in den seltenen Momenten der Gnade und der Verschmelzung mit dem Pferd, wenn sein Wesen zu dir sprechen wird. Diese wenigen und seltenen Momente werden mehr wert sein als die ganze erzwungene Reiterei davor. Es gibt nichts, was damit vergleichbar ist, und ich wünsche dir, geliebte Leserin, geliebter Leser, von ganzem Herzen diese Erfahrung.

Und mit der Frage, mit der alles begann, schließe ich auch. Diese Frage ist ein Schlüssel und ich lege ihn in deine Hände, geliebte Leserin, geliebter Leser. Ich frage den Menschen, den göttlichen Funken in dir:

WARUM HAST DU EIN PFERD? WOFÜR? ❧

Foto: *Entstanden an einem frühen Morgen in der aufgehenden Sonne. Die Magie des Moments, die Stille, das Gefühl der Ruhe, das die Pferde verbreiten … Für mich ist dieses Foto ein symbolischer Neuanfang für alle Menschen, die diesen Weg gehen werden, und die Sonne, die für ihre Pferde und für sie aufgeht.*

213

Foto: »*Ich reite nicht, weil ich die Gefühle und Gedanken meiner Pferde wahrnehmen kann.*«
Marija Djidara, ehemalige Turnierreiterin

Foto: »Ich reite nicht, weil ich ihn liebe und möchte, dass er mich zurückliebt.«
Berenika & Czen

Foto: »Ich reite nicht, denn Tiere können nicht lügen ...«
Natalija & Bagra

Foto: »Ich reite nicht, weil jemanden zu lieben bedeutet, ihm keinen Schaden zuzu-
fügen.«
Jeanin & Magnus (ein als Kutschenpferd benutztes Shire Horse und beim früheren
»Besitzer« beinahe verhungert)

217

Foto: »*Ich reite nicht mehr, weil Pferde sind nicht geboren wurden, um den Menschen auf ihrem Rücken zu tragen. Sie werden dir dieses sagen wenn du ihnen die Chance zum Sprechen geben würdest.*«
Ania & Dewajtis

218

Foto: *»Ich reite nicht (mehr), weil ich in dieser Hinsicht über meinen Schatten springen
konnte.«*
Larissa, ehemalige Turnier-Reiterin & Dreamboy

Foto: *»Ich reite nicht, denn ich möchte, dass meine Kinder in dem Bewusstsein aufwachsen, die Pferde sind Freunde und kein Spielzeug.«*
Layla & Pferde Ebony und Honor

Foto: »Ich reite nicht, denn warum sollte ich?!«
Dominique & Tepïn

Literaturverzeichnis

Budras, K. D., Röck, S., *Atlas der Anatomie des Pferdes.* Schlütersche, 2004.

Riegel, R. J., Hakola, S. E., *Bild-Text-Atlas zur Anatomie und Klinik des Pferdes.* Schlütersche, 2006.

Adams, O. R., *Subluxation of the sacroiliac joint in horses.* In: Proceedings of the 15th Am Assoc Equine Practit Conv 1969; 198–207., 1969.

Straßer, H., *Was spricht eigentlich gegen Hufbeschlag,* 2000.

Straßer, H., Cook, R., *Eisen im Pferdemaul,* Knirsch-Verlag, 2003.

Townsend, H. G. G., *The relationship between biomechanics of the thoracolumbar spine and back problems in the horse.* Proc. AAEP, 1985.

Townsend, H. G. G., Leach, D. H., *Relationship between intervertebral joint morphology and mobility in the equine thoracolumbar spine.* Equine Veterinary Journal, 1984.

Weissdorf, H., Gerhards, H., Huskamp, B., Deegen, E., *Praxisorientierte Anatomie und Propaedeutik des Pferdes,* M.&H. Shaper Alfeld, 2002.

Rooney, J. R., *The Horse's Back: Biomechanics of Lameness.* Equine practice, 1982.

Roberts, E. J., *Resection of thoracic or lumbar spinous processes for the relief of pain responsible for lameness and some other locomotor disorders of horses.* Proc. AAEP, 1968.

Nowak, M., *Die klinische, röntgenologische und szintigraphische Untersuchung bei den sogenannten Rückenproblemen des Pferdes.* Pferdeheilkunde, 1998.

Jeffcott, L.B., *Diagnosis of Back Problems in the Horse.* Proc. AAEP, 1981.

Jeffcott, L.B., *Disorders ot the thoracolumbar spine of the horse — a survey ot 443 cases.* Proc. AAEP, 1980a.

Jeffcott, L.B., *Guidelines for the diagnosis and treatment of back problems in horses.* Proc. AAEP, 1980b.

Das Rückenproblem beim Pferd, PDF Schierling

Dämmrich, K., Brass, W., *Krankheiten der Gelenke.* Verlag Parey, Berlin, Hamburg, 1993.

Academia Liberti, Forum, Artikel, unveröffentlichtes Material.